L'URBANISME EN PRATIQUE

COLLECTION « URBANISME »
SÉRIE C

L'URBANISME EN PRATIQUE

Précis de l'Urbanisme dans toute son extension
Pratique comparée en Amérique et en Europe

PAR

Geo B. FORD
Architecte diplômé par le Gouvernement Français
Urbaniste-Conseil de la Ville de New-York
Directeur du Bureau de Reconstruction en France
de la Croix-Rouge Américaine

ÉDITIONS ERNEST LEROUX
Société Anonyme
28, RUE BONAPARTE, PARIS (VIe)

—

1920

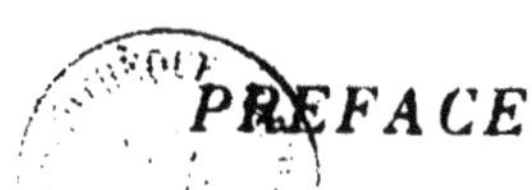

PRÉFACE

La France est le premier pays du monde qui ait voté une loi relative à l'établissement obligatoire de projets pour l'aménagement et l'extension des villes. Le 14 mars 1919, a été adoptée une loi prescrivant à toute ville de plus de 10.000 habitants de procéder, sans retard, à l'établissement d'un projet comportant l'amélioration des conditions existantes, et le programme des développements futurs. En outre, des projets devront être établis, dans le plus bref délai, pour apporter toutes améliorations désirables dans toutes agglomérations ou villes, totalement ou partiellement détruites, quel que soit le chiffre de leur population, et aucune reconstruction ne sera autorisée tant que ces projets n'auront pas été établis. Cela implique l'établissement de projets pour plusieurs milliers de villes et villages détruits. Pour cette grande entreprise, il a paru intéressant de farie profiter la France de l'expérience de l'Amérique et d'autres pays, et c'est dans ce dessein qu'on m'a demandé de faire une série de conférences sur l'Urbanisme, éclairé par l'expérience américaine, à l'École supérieure d'Art public et au Musée social de Paris.

D'autre part, la Commission d'Éducation de l'armée américaine avait créé, au nombre de ses œuvres, un centre artistique, à Bellevue, aux portes de Paris. Elle avait créé également des cours pour étudiants, dans tous ses centres d'éducation. Dans tous ces cours, il y eut une faveur marquée pour l'Urbanisme. A Belleville, j'ai été prié de donner, sur le « City Planning », une série de conférences illustrées par des exemples empruntés à la France et à l'Amérique. J'ai essayé dans le présent ouvrage de confier à l'écriture la moelle de ces conférences.

Mon objet est de donner un aperçu d'ensemble de tout ce que renferme l'urbanisme, d'en définir les différentes parties, de montrer quels sont leurs rapports entre elles et avec les autres aspects de la vie sociale et de fournir des indications générales sur leur réalisation pratique.

Le présent ouvrage n'a pas de prétention tendancieuse ni didactique : il fait une analyse critique de tous les sujets qui se prêtent à la *discussion et présente les faits sous un tel jour que chacun peut continuer à suivre son penchant naturel. Je ne prétends pas implanter des idées américaines en France, ni des idées françaises en Amérique, ni imposer des plans réalisés à New-York, à Philadelphie, ou à Boston. Mon but est seulement de suggérer des idées en donnant des exemples de réalisations heureuses.*

*Il y a peu de matière originale dans ce livre. L'ensemble du sujet est trop condensé pour permettre le développement d'idées nouvelles. L'ouvrage est un résumé d'idées et de principes généralement acceptés et qui ont reçu leur consécration par la pratique. C'est un manuel ou un guide d'*Urbanisme.

Je dois exprimer ma reconnaissance à tous mes collègues, dont l'inspiration et le dévouement complet à la cause du mieux vivre *ont rendu si agréable l'étude pratique de l'*Urbanisme.

Je suis particulièrement redevable des documents dont je me suis servi dans le présent ouvrage, à MM. Olmsted, Nolen, Robinson, Lewis, Shurtleff, Crawford, Ackermann, Bennett, Cheney, Comey, James Ford, Fox, Goodrich, Ihlder, Kessler, Miss Kimball, Purdy, Pray, Veiller, Whitten, Williams, Unwin, Aldridge, Adshead, Abercrombie, Culpin, et maint autre en France et en Belgique.

J'adresse mes remerciements particuliers au Comité du City Planning *de l'Institut américain d'architecture, et au Journal de l'A. I. A. pour les documents et les illustrations que j'ai pu emprunter à leur publication intitulée* City Planning Progress, *1917, et à l'ouvrage ayant pour titre* Le Problème de l'habitation pendant la Guerre et pendant la Paix, *1918.*

Je dois remercier également la Société américaine du Logement du ministère du Travail (U. S. Housing Corporation of the Department of Labour) pour les nombreux documents qu'elle a bien voulu me faire parvenir avec tant d'amabilité (1)

(1) *L'auteur s'est servi dans ce travail du système de mesures usité dans son pays. L'équivalent en mesures françaises en est approximativement donné entre parenthèses, le pouce étant évalué à* $0^{m},025$, *le pied à* $0^{m},3048$, *le mille à* $1^{km},609$, *l'acre à* $40^{a},47$.

L'URBANISME EN PRATIQUE

I

Qu'appelle-t-on Urbanisme?

L'Urbanisme remonte aux temps préhistoriques. Dans les deux premières huttes bâties l'une près de l'autre, dans les deux premières grottes creusées dans le même rocher, dans le premier usage en commun des sentiers à travers la plaine, nous trouvons l'embryon du plan d'une ville. — Jusqu'à ces derniers temps, la circulation de plus en plus intense des personnes et des véhicules, la disposition des habitations et d'autres édifices, ont eu lieu, presque toujours, sans l'idée d'un plan général. — Il y avait pourtant, dans l'antiquité et au moyen âge, une notion consciente des espaces libres et des communications. Les Grecs et les Romains avaient bien conçu des camps et des villes qui se sont développés, après eux, suivant des plans supérieurement ordonnés. Mais néanmoins, les habitations privées étaient, en général, bâties au caprice du propriétaire, et la circulation empruntait l'espace qu'on avait bien voulu laisser entre les maisons.

La largeur des rues y était ordinairement réduite dans la mesure où les propriétaires riverains avaient cru devoir laisser un espace libre pour permettre l'accès des personnes et des choses. — L'administration municipale laissait à l'arbitraire de chaque propriétaire, le soin d'être son propre « Urbaniste ». Le résultat naturel était que les rues n'avaient pas d'alignement.

Mais, avec le temps, l'agglomération allant toujours s'élargissant, les inconvénients de cette pratique irrationnelle se révélèrent de plus en plus. Les rues tortueuses et étroites étaient encombrées par la circulation, et la ville fut obligée d'avoir recours à toutes sortes d'expédients pour changer l'état de choses. — La majeure partie des frais occasionnés par la reconstruction de nos villes, aujourd'hui, constitue une dépense qui aurait pu être évitée si l'on avait montré, à l'origine, un peu de prévoyance. — Nous payons aujourd'hui le manque de prévision de nos ancêtres, ce n'est pas une raison pour faire payer, également, aux générations futures, les conséquences de la même faute.

Au début de la guerre, tout le monde parlait de préparation. — Appliquée aux villes, la préparation, c'est surtout la conception, pour l'avenir, de projets d'aménagement et d'extension. — En Europe, on estime actuellement — et c'est un résultat de la guerre — que l'on doit tout faire, non seulement pour économiser de l'argent, du travail et de la peine, mais aussi, que le devoir de l'Etat est de préserver la santé et l'énergie des citoyens et d'aider au développement des générations à venir. — A cette fin, un milieu sain, confortable et attrayant est indispensable. — La reconstitution des régions envahies, sans un programme de travaux approprié, serait un crime. — La France a montré qu'elle comprenait l'importance de la question en votant une loi portant l'établissement obligatoire de projets d'aménagement, et en adoptant les articles relatifs à la santé publique, dans la Loi sur les Indemnités de guerre. La Belgique la suit dans cette voie. — L'Angleterre montre, d'une façon particulièrement active, dans son programme grandiose d'habitations ouvrières, la portée qu'elle attache à cette question. En juillet 1919 une loi a été adoptée en Angleterre pour l'établissement obligatoire de projets de « Town Planning ». L'urbanisme doit être une partie essentielle de la reconstruction.

L'Urbanisme est la science et l'art d'appliquer la prévoyance pratique à l'élaboration et au contrôle de tout ce qui entre dans l'organisation matérielle d'une agglomération humaine et de ce qui l'entoure. — Cela comporte la correction des fautes du passé par des reconstructions et des aménagements appropriés.

Cela comporte aussi la mise à profit de l'expérience du passé pour l'établissement de projets d'extension. — Cela implique que l'élaboration des projets doit toujours être faite de telle sorte que des modifications soient constamment possibles, en vertu de ce principe que des conditions nouvelles, impossibles à prévoir au moment du projet, peuvent exiger plus tard une solution différente.

Il existe de nombreux facteurs déterminant les conditions d'élaboration d'un projet d'urbanisme. La situation géographique, la topographie, les caractéristiques de la structure géologique du sol, le climat, le régime des vents, tout cela détermine le caractère et les directives à imposer au projet.

De même, les communications par eau, par terre ou par chemin de fer, les facilités d'accès, le caractère et l'étendue des installations environnantes sont de nature à modifier sérieusement le projet. — La raison d'être d'une ville, — que ce soit une ville de commerce, d'industrie, de gouvernement, un centre universitaire, une station climatérique, une ville de jeux, — modifie profondément les conditions de son développement[1]. — De même, ses us et coutumes, ses antécédents historiques et archéologiques jouent un rôle considérable.

Chacun de ces facteurs doit être étudié soigneusement par l'urbaniste, si ce dernier veut trouver la solution exacte du problème.

L'urbanisme comporte tous les modes de locomotion, par eau, par terre, par chemin de fer ou encore par l'air. Il renferme tout le développement et les modifications des étendues occupées.

Il implique toutes les questions intéressant le contrôle du gouvernement ou d'ordre financier qui se rapportent à l'aménagement de la ville et de ses organes. — L'urbanisme veut être examiné au point de vue économique, c'est-à-dire, au point de vue commerce et industrie ; au point de vue social, c'est-à-dire, eu égard aux conditions de la vie, du travail et du plaisir ; au point de vue esthétique, c'est-à-dire, au point de vue de l'attraction et du charme de l'œil. A chaque degré et à chaque phase de ce travail, une attention spéciale doit être apportée aux travaux destinés à augmenter l'hygiène, le confort, le bien-être et les commodités. En résumé, ce travail doit être entrepris par l'effort combiné de compétences spécialisées dans l'architecture, le génie, l'architecture paysagiste, les sciences juridiques, économiques et sociales.

Le champ d'action de l'urbanisme est illimité. — Sans contredit, il commence avec le village ou le bourg, comprend ensuite la ville, puis les villes satellites qui entourent cette cité; il déborde ensuite sur la campagne, ainsi que nous le constatons à Londres ou à New-York, ou encore plus spécialement dans le comté de Westchester (Etat de New-York), ou dans le comté d'Hudson (Etat de New-Jersey). Alors le problème peut devenir un problème d'Etat, et nous trouvons déjà plusieurs provinces du Canada et l'État de Massachusetts, qui ont adopté des lois obligatoires sur l'urbanisme, englobant, non seulement tous les projets concernant les agglomérations internes d'un Etat, mais aussi un projet coordonné de tous les travaux communs aux districts de la région.

Enfin, nous avons le « Planning » national qui, sous l'impulsion vigoureuse du « Local Government Board », joue déjà un rôle considérable en Angleterre.

En France, il est à prévoir que la nouvelle loi obligatoire, concernant les plans de développement et d'aménagement des villes, sous l'autorité de la Commission nationale, conduira à l'examen scientifique des espaces libres entre les villes comme à celui des villes elles-mêmes.

Il ne suffit pas de considérer chacune de ces

phases séparément : elles doivent être soudées ensemble, dans un plan général, pour obtenir un tout dans lequel une étude des plus scrupuleuses sera consacrée aux rapports et à la dépendance réciproques des différentes parties. Chacune de celles-ci peut être parfaite en elle-même, mais tant qu'elles ne seront pas habilement amalgamées en un ordre harmonieux, capable d'assurer leur jeu réciproque tout en conservant à l'ensemble une charpente solide et simple où s'accusent les traits dominants et indispensables du système, le projet d'une ville ne vaudra jamais rien.

Pour des projets de vaste envergure, relatifs à des capitales, nous avons pour modèles les projets de Washington (D. C.), de Canberra, la nouvelle capitale de l'Australie, et les projets de capitale pour la jeune Société des Nations. Nous possédons les projets très intéressants de Baguio (Iles Philippines), de la Cité-Jardin de Letchworth, en Angleterre, et de Gretna Green, en Ecosse. Ce sont des exemples multiples et frappants de projets d'ensemble pour la construction de villes toutes neuves, que n'entrave pas l'existence d'un noyau antérieur qu'il faudrait absorber. D'autre part, les nouveaux plans de Londres, Delhi (Inde), Berlin, Reims, Chicago, Philadelphie, San Francisco, Saint-Louis, Minneapolis, Rochester, Reading, Newark, et de bien d'autres agglomérations américaines, sont des exemples intéressants de projets étendus, comportant la réfection des villes existantes, en même temps que leur extension sur leurs banlieues.

En résumé, l'urbanisme a de vastes visées. Il est beaucoup plus mauvais de voir trop petit que de voir trop grand : il ne faut jamais perdre de vue que les projets doivent être adaptés aux besoins de la population qui vivra dans la ville, et que tout doit être conçu dans son intérêt, non seulement immédiat, mais encore futur.

II

L'accès des villes

Accès par voie d'eau. Un nombre considérable de villes doivent leur existence, et la nature de leur développement à la présence de voies navigables. Parmi les plus grandes villes du monde, plusieurs se sont élevées là où le trafic abandonnait la voie de terre pour emprunter la voie de mer. — Parfois, ces villes sont situées à l'embouchure d'un fleuve important, offrant un port sûr, comme New-York, la Nouvelle-Orléans, Le Havre et Liverpool. D'autres sont situées, en amont, sur une rivière navigable, mais toujours en un point d'échange de trafic terrestre et de trafic par eau : telles sont, par exemple, Paris, Londres, Berlin, Philadelphie, Vienne, etc. D'autres encore sont situées au bord de la mer, ou d'un grand lac, en un point où le courant du commerce terrestre doit emprunter la voie de mer : telles sont Marseille, Gênes, Venise, Chicago, Constantinople, Dublin et Cleveland. Il en est, enfin, au confluent de deux fleuves navigables, comme Pittsburg, Lyon et Belgrade.

En Europe, ces grandes routes commerciales remontent aux temps préhistoriques. Même les fameuses chaussées romaines n'ont fait que suivre les pistes tracées déjà par les habitants antérieurs. Et, à présent, la plupart des grandes voies ferrées, des voies fluviales ou des routes importantes, sont restées les mêmes qu'il y a quelques milliers d'années. — Il en est de même en Amérique : les grandes routes commerciales suivent, pour la plupart, les anciennes pistes indiennes.

Tout ceci tend à démontrer que l'existence d'une voie navigable, eu égard à sa rareté relative, est un facteur fondamental dans la détermination de l'emplacement et du développement des villes. Pour beaucoup de villes, c'est là leur unique et leur plus précieuse richesse naturelle. — Rien ne devrait être négligé pour aider au développement d'une ville par l'aménagement de voies susceptibles à la fois d'augmenter son importance et de la rendre plus propice au commerce et à l'industrie de la région.

Le développement adéquat des communications par eau devient une responsabilité pour la ville qui a le devoir d'en prendre la direction énergique pour le bien de la région, considérée comme un tout.

En vertu de cette nécessité, l'étude et l'aménagement des communications par eau sont considérés de plus en plus comme relevant d'un plan d'ensemble réservé à la compétence de l'État, plutôt qu'à l'initiative privée d'une ville. — Par exemple, en France, les ports et les docks sont aménagés sous l'initiative gouvernementale, en collaboration avec les Chambres de commerce locales. — En Angleterre, le développement du port de Londres est dû, en grande partie, à l'initiative gouvernementale : en Allemagne, le développement des ports de Dusseldorf, Francfort, Hambourg et Brême est dû au gouvernement. En Amérique, également, les travaux de développement du port de San Francisco sont entièrement entre les mains de l'État de Californie : l'État de Massachusetts a dépensé récemment environ dix millions de dollars pour les travaux d'agrandissement du port de Boston, et un grand nombre d'autres villes ont reçu des secours financiers du gouvernement pour le développement de leur port. — En outre, le gouvernement américain vote, chaque année, pour les voies fluviales et les ports, des crédits importants dont la majeure partie est employée en dragages.

La question du débouché par voie d'eau est tellement importante qu'un grand nombre de villes situées profondément dans l'intérieur des terres, dépensent actuellement des sommes considérables pour s'assurer une sortie vers la mer, un port qui leur appartienne en propre. — L'exemple historique d'Athènes, s'assurant le Pirée comme port, et celui de Rome, s'assurant le port d'Ostie, sont bien connus.

Mais nous trouvons, dans les temps modernes, deux exemples également frappants de ce fait : celui de Manchester, qui a dépensé cent millions de dollars pour permettre aux navires de haut bord de remonter le fleuve jusqu'à trente-cinq milles (56km,500) à l'intérieur des terres et venir aborder aux quais de la ville; celui de Los Angeles, où on a relié à la ville deux autres localités, San Pedro et Wilmington, situées à 18 milles (28km,965), sur la côte, par une bande étroite de terre appelée le « shoe-string » (le lacet), où passent des voies ferrées pour le transport des marchandises. — Peut-être plus frappant encore est le projet récemment élaboré à Marseille, qui a provoqué le percement à travers une montagne d'un canal destiné aux grands navires dans le but de mettre l'Étang de Berre en relation directe avec la Méditerranée en vue de créer un grand port et une région industrielle sur ses rives.

La condition première de tout port est

d'avoir un chenal, large, sûr et commode. On y arrive en protégeant l'entrée du port par un môle ou un brise-lames, comme à Gênes, à Marseille, au Havre, à Southampton, à Zeebrugge, ou ce qui est encore préférable, par une jetée naturelle, comme à New-York et à Boston.

Ensuite, il faut avoir assez d'eau, au moins $10^{m},50$ à 12 mètres de fond, à l'intérieur du port. Faute de cette condition, il est indispensable de procéder à des dragages ou à des excavations. — Il faut que les installations d'amarrage soient parfaites, que les bassins soient suffisamment larges pour permettre les manœuvres des navires; particulièrement, devant les docks mêmes. Un espace libre trois à quatre fois égal au navire le plus large est nécessaire pour permettre les entrées et sorties sans accidents.

En ce qui concerne les docks, le problème varie beaucoup suivant les conditions. — Par exemple, là où la rivière a un courant rapide, comme à Lyon, ou bien là où elle peut se gonfler rapidement par suite d'une crue, comme à la Nouvelle-Orléans, là où le fleuve a dû être endigué, ou bien encore, là où les crues subites sont suivies de baisses du fleuve, comme à Liverpool, où se produit la variation bien connue de 35 pieds ($10^{m},65$), il est impossible de faire des quais en saillie.

La seule chose que l'on puisse faire est alors d'amarrer les navires aux quais qui longent le fleuve. Dans certains cas, comme à Liverpool, il est préférable d'installer les échelles de débarquement sur flotteurs, auxquels les navires peuvent être amarrés avec une sécurité relative.

Dans le cas spécial où les variations des marées sont considérables, comme à Liverpool, et à un degré moindre, comme à Southampton et au Havre, le seul procédé pratique est d'aménager des bassins où le niveau est constant et où les navires peuvent pénétrer au moyen d'écluses.

Là où les conditions sont normales, la disposition idéale est de construire un certain nombre de quais perpendiculairement à la côte, ou, s'il n'y a pas assez d'espace libre de face, obliquement à la côte, avec un passage bien large, entre les quais, de telle sorte que les bateaux puissent être amarrés d'un côté, et que les chalands à charbon et allèges puissent venir à l'entour du navire, du côté opposé au quai. Dans le fameux *Bush Terminal* de New-York, les quais ont 1.200 à 1.800 pieds (365^{m},65 à 548^{m},10) de long sur 350 (106^{m},65) de large, avec un espace libre d'environ 350 pieds (106^{m},65) entre eux. Les quais peuvent être construits sur des piliers en bois, en maçonnerie ou en béton, suivant la nature du sous-sol, les matériaux dont on dispose et la solidité demandée.

Sur les quais, on installera des hangars à marchandises, à un seul étage, comme au *Bush Terminal*, ou à plusieurs étages, comme à la Nouvelle-Orléans, à Liverpool, Anvers, Hambourg, Dusseldorf.

Les célèbres quais de Chelsea, à New-York, ont deux étages, dont l'étage inférieur réservé à la manutention des marchandises de simple transit, et l'étage supérieur, destiné à la réception des voyageurs, de leurs bagages, et du courrier.

Quelles que soient les installations prévues dans un port, — quais véritables ou simples débarcadères, — la pratique moderne exige au moins deux lignes ou voies de chemin de fer suivant immédiatement le bord du quai ou de la jetée. Cela permet de décharger directement sur wagons, en une seule opération; les grues peuvent déposer les marchandises, soit sur les wagons, soit sur des camions à chevaux ou automobiles, dans les magasins de la jetée ou du quai, ou au delà. Les ports allemands ont réalisé, dans cet ordre d'idées, un grand progrès par l'installation de moyens d'enlèvement et de transport des marchandises. Dans les ports américains, spécialement sur les grands lacs, des installations d'élévateurs et d'appareils manipulateurs de céréales ont été construits.

Dans les vieux ports d'Europe et dans les ports de l'Amérique du Sud, la plus grande partie des manipulations de marchandises est faite à la main ou à dos d'hommes; mais dans ces derniers temps, on a constaté l'emploi de plus en plus fréquent de *trucs*, et au *Bush Terminal*, on se sert de petits *trucs* électriques un peu plus forts que ceux employés à la fabrique de munitions André Citroën à Paris.

Le plan de la ville dépendra directement de la situation et de la disposition de son port. Toute autre partie du projet sera plus ou moins arbitraire, mais le port ne peut être placé qu'à un endroit où l'accès est facile par mer et par terre, où l'eau est profonde, et où les dragages sont faciles. Quel que soit l'emplacement des docks, à moins toutefois que le port ne soit exclusivement réservé aux voyageurs, il faudra disposer, à la partie extérieure, de terre-pleins suffisamment vastes pour y installer les hangars et magasins, les voies ferrées et autres, pour assurer la facilité des transports.

L'espace libre derrrière les docks est appelé *Hinterland* et le port sera d'une valeur économique réelle pour la ville et pour l'Etat dans la mesure où cet *hinterland* sera vaste et scientifiquement disposé. Au *Bush Terminal* de New-York, le terre plein se trouve immédiatement derrière les quais, et compte environ 200 acres

(80 hectares), 130 hangars, 10 bâtiments en béton armé de six étages chacun, pour l'usage industriel, 25 milles (40^{km},235) de voies, et un espace suffisant pour contenir 2.000 voitures. Immédiatement derrière les quais, se trouve une vaste gare de triage pour les trains de marchandises et les trucs électriques; ensuite, parallèlement aux quais, une longue file de magasins à six étages : derrière ceux-ci, une gare de triage à voies larges; ensuite, d'autres groupes de magasins pour les grosses marchandises ou matières inflammables : derrière encore, et de l'autre côté de ce magasin, les bâtiments de factorerie, de 175 mètres de long sur 25 mètres de large, à des intervalles de 18 mètres. De deux intervalles, l'un comporte trois voies ferrées avec quatre plates-formes, l'autre est réservé au trafic par cheval ou autocamion. Par conséquent, l'accès se fait sans encombre, pour les trains comme pour les camions, à chaque bâtiment. De larges routes pour camions convergent à cet endroit, de toutes les directions. Ces routes sont bordées des maisons de commerce et des cafés nécessaires à une agglomération ouvrière importante derrière le port. Les trains de marchandises du port transitent par une voie de ceinture reliée au système de voies ferrées de la ville.

Le grand port de coton de la Nouvelle-Orléans, récemment construit, est aussi des plus intéressants : on y a appliqué les principes généraux ci-dessus énoncés, sauf que le quai n'est pas perpendiculaire à la côte, et que les terrains industriels n'existent pas.

Le nouveau canal municipal et les docks de Newark (New Jersey), dans la partie marécageuse et inculte du sud de la ville, consistent en une darse de 600 × 1.600 mètres, complètement entourée d'un réseau de routes et de voies ferrées, qui permettront la construction de magasins près du bassin, et d'un grand nombre de fabriques immédiatement derrière, qui seront desservies par des voies ferrées et par des routes. En arrière, sont des terrains immenses pour la construction de maisons ouvrières. A l'extrémité de tout port important, un certain espace devrait être réservé pour l'installation d'une cale sèche, la capacité de cette cale dépendant du tonnage moyen et maximum des navires fréquentant le port. En outre, dans des ports comme celui de Liverpool, où la marée empêche les navires de charger ou de décharger à quai, il est nécessaire d'avoir une série de bassins intérieurs avec écluses, et un groupe correspondant de voies, de routes et de magasins pour chaque bassin.

Si nous passons maintenant aux canaux, nous constatons ici qu'il y a plus de facilités que pour les ports ou les cours d'eau naturels.

Le facteur qui intervient ici, c'est la topographie. Les villes américaines ont, relativement aux villes européennes, subi assez peu l'influence des canaux. En fait, quelques-uns des anciens canaux américains, le canal Morris, par exemple, ont perdu toute importance. Le nouveau canal Erie, élargi par l'État de New-York, avec ses écluses, ses bassins et ses docks de chargement et de déchargement, dans chaque ville qu'il traverse, avec ses nombreux chantiers à New-York et à Buffalo, a un retentissement considérable sur le plan des villes, en concentrant les quartiers commerçants et industriels le long des quais du canal.

En résumé, si un port naturel ou un cours d'eau navigable est à proximité ou à l'intérieur d'une ville, ce fait aura une action nécessaire sur la vie économique, et par suite sur la vie sociale et politique de l'agglomération.

Là où ces conditions existent, elles constitueront donc un facteur essentiel.

Accès de la ville par chemin de fer.

Tout le monde sait que l'influence des voies ferrées sur le plan d'une ville remonte tout au plus à soixante ou soixante-dix ans. Les premiers chemins de fer furent construits ordinairement dans la banlieue des villes. Souvent, en France, en Angleterre ou en Amérique, il est nécessaire d'aller assez loin du centre de la ville pour se rendre à la station; mais, en Amérique, on a eu cependant plus qu'en Europe une tendance à amener le chemin de fer dans le centre de la ville. Par exemple, à Syracuse (N. Y.), la grande ligne du *New-York Central Railway* suit la rue principale, de sorte que les express doivent ralentir jusqu'à une vitesse d'environ 10 milles (16k,100) à l'heure, et ce n'est pas sans nombreux inconvénients ni graves dangers. Au fur et à mesure que les villes prenaient de l'extension, la présence de ces voies au centre causait de plus en plus de difficultés. Le centre de la ville de Chicago est presque complètement encombré par les terminus des chemins de fer qui entourent la ville. A New-York, la gare terminus du *N. Y. Central* a été changée trois fois de place, et on a dû faire passer les voies sous des tunnels. Boston a concentré ses nombreux chemins de fer en deux grandes gares. Washington, Philadelphie, Saint-Louis, Kansas City, ont réuni toutes leurs lignes en une vaste gare terminus unique.

Le choix de l'emplacement de ces gares à voyageurs est un problème sérieux, car le développement de toutes les parties de la ville en dépend. Pour que les gares puissent remplir efficacement leur rôle, il faut qu'un système complet de rues y conduise avec les moyens de locomotion correspondants : toute la section de voie adjacente à cette gare devra être munie de ponts et électrifiée : autrement, les quartiers environnants seraient condamnés.

Au point de vue auquel nous nous plaçons, la principale condition d'existence d'une gare centrale à voyageurs, c'est l'accès direct et facile de toutes les directions, et un espace suffisant, aux abords de la gare, pour la circulation des piétons et des véhicules. Cela comporte de vastes quais de départ et d'arrivée, et des emplacements pour voitures. A New-York, aux gares centrales de Pennsylvania et du *New-York Central*, on a créé, à cet effet, un emplacement spécial dans l'intérieur de la gare, par suite de l'insuffisance de place dans les rues. Les stations terminus du *Great Union* à Washington, à Kansas, et de la Gare de Lyon, à Paris, ont eu l'avantage d'être bâties sur des emplacements nouveaux, ce qui leur a permis d'aménager des terrains d'accès spacieux.

Au point de vue de l'urbanisme, le problème des stations ordinaires ressemble beaucoup à celui des stations terminus, avec cette différence que l'établissement des ponts au-dessus des voies devient beaucoup plus important. A Providence (Rhode-Island), à Worcester (Massachusetts), à Yonkers (New-York), nous trouvons des solutions excellentes du problème : les stations ont été bâties à un niveau supérieur à celui de toutes les rues croisant la voie, et au moyen de plans d'accès spacieux, ces rues atteignent insensiblement le niveau des rails. Le problème des stations suburbaines est semblable à celui des stations centrales, mais à un degré moindre.

La plus grande partie des villes d'Amérique ont abandonné le système européen des stations terminus particulières à chaque réseau. On y cherche actuellement la solution d'un problème nouveau, savoir la distribution du monde que la banlieue déverse tous les jours sur la ville. Cela a suggéré l'idée qui a été prise sérieusement en considération, dans la plupart des plus grandes villes, de supprimer les gares terminus, et de faire passer le chemin de fer d'un bout à l'autre de la ville au moyen d'un tunnel, ou de charpentes métalliques aériennes, avec un certain nombre de gares dans la partie centrale de la ville. Cela permet au voyageur de descendre du train à l'endroit qui lui convient le mieux et sans être obligé de prendre au sortir de la gare le tramway ou tout autre moyen de locomotion rapide. Une gare, plus grande que les autres, située loin du centre de la ville, servirait de gare terminus aux voyageurs des grandes lignes. Berlin a adopté un système similaire. Chicago l'étudie sérieusement : New-York l'a adopté en ce qui concerne le Pennsylvania système.

L'entrée et la sortie faciles des marchandises a une grande influence sur le plan d'une ville. Les gares de marchandises doivent être placées là où l'accès est facile. De toutes façons, elles doivent être placées près des quartiers industriels de la ville, ou, si cela est impossible, dans la partie de la ville où de nouveaux quartiers industriels et commerciaux peuvent se développer. Ordinairement, les gares de marchandises en Amérique sont, eu égard à la population, plus petites que les gares françaises ou anglaises. On a constaté que c'était là une très grande faute, et les villes américaines essaient maintenant de la réparer.

Le caractère des gares de marchandises varie selon la nature et la quantité des marchandises à manipuler, mais en général, elles consistent en faisceaux de voies parallèles, permettant de décharger directement sur camion, d'un côté, et directement en magasin, de l'autre, le côté opposé des magasins étant accessible aux camions. De plus, un certain espace doit être réservé, derrière la voie, pour l'emmagasinage de longue durée ou pour les frigorifiques, et souvent aussi pour l'emmagasinage spécial du charbon ou des céréales, etc.

Près des gares de marchandises, il doit y avoir aussi des gares de triage. C'est dans la gare de triage que sont formés les trains : dans la plupart des gares modernes américaines, il existe un « hump », ou plan incliné, pour faire déplacer ces wagons par gravité. Comme il faut un emplacement considérable pour ces gares, elles devront être placées aussi loin que possible de la ville, d'autant plus que, par suite de leur largeur, elles isoleraient complètement les deux parties de la ville entre lesquelles elles s'interposeraient.

Dans les centres plus importants, on a besoin de plusieurs gares terminus, ou gares de marchandises, pour desservir les différents quartiers industriels. Il existe souvent de nombreuses voies de pénétration dans la ville, qui doivent se raccorder avec d'autres, et avec les gares terminus à voyageurs et à marchandises. A Chicago, il y a 27 lignes entrant en ville. Le résultat a été que, dans bon nombre de villes comme Chicago, Cleveland, Boston, Paris et Berlin, on a créé une ligne de ceinture réunissant tout le trafic. Ces lignes de ceinture s'enchevêtrant avec les lignes radiales, arrivent à encombrer d'autant plus la circulation que la ville prend plus d'importance. Aussi les plus grandes villes d'Europe et d'Amérique adoptent-elles maintenant le système des voies souterraines, ou des lignes aériennes et les électrifient aussi vite que possible. En Amérique, les grandes lignes qui entrent à New-York, à Boston et à Baltimore, sont déjà électrifiées et en dépit des frais énormes de cette installation, on trouve qu'il y a encore avantage à la faire.

Les ponts ou les tunnels par lesquels les lignes pénètrent dans les villes ont pour effet d'en modifier le plan d'une manière considérable. En particulier, un pont élevé, avec ses culées et ses terrassements étendus, comme les grands ponts d'accès de Saint-Louis et d'Omaha, influencent tout le trafic et les aménagements de toute la partie de la ville qui se trouve dans leur rayon.

En résumé, les voies pour le trafic des voyageurs et des marchandises, les gares terminus et gares de marchandises, sont susceptibles de plus de mobilité que les cours d'eau. Dans un projet d'aménagement ou d'extension ou de reconstruction d'une ville, il faudra apporter un soin tout particulier à l'étude des possibilités de développement de la ville, et les communications par voie de fer devront être disposées de telle sorte qu'elles contribuent à aider à ce développement, et non à l'empêcher.

Accès de la ville par les routes.

Depuis un temps immémorial, les pays ont été sillonnés d'un réseau de routes reliant une région à une autre. Les vestiges des chaussées romaines, que l'on peut voir encore à l'heure actuelle, en Angleterre, en France et en Allemagne, donnent une idée de l'admirable système de voies de grande communication élaboré sous l'Empire romain.

En France, le système développé des routes militaires, appelées « routes nationales », a rendu, de toute évidence, des services énormes pour le transport des troupes et du ravitaillement.

Ces routes, dans la mesure où la topographie le permet, vont, en une ligne absolument droite, d'un centre à un autre. Grâce à leur construction vraiment solide et à leurs fondations profondes, elles ont résisté d'une façon remarquable à toutes les vicissitudes d'un trafic intense, pendant cinq années de guerre.

En Angleterre, en Belgique, en Allemagne, il existe des réseaux de routes semblables, toutes admirablement construites. En Amérique, par contre, les routes de grande communication sont moins directes, beaucoup plus étroites, et moins bien construites.

La conséquence en est que le coût des transports, en temps de paix, entre les villes, est plus élevé qu'en Europe.

Cependant, depuis ces derniers temps, le développement extraordinaire de l'emploi de l'automobile et du camion, ainsi que des tramways interurbains et des moyens rapides de locomotion, a attiré l'attention sur la nécessité de développer à un degré beaucoup plus grand les routes interurbaines, et par conséquent, le *planning* interurbain. Un certain nombre de routes anciennes sont maintenant en reconstruction depuis l'Atlantique jusqu'à l'océan Pacifique, et depuis les Grands Lacs jusqu'au golfe du Mexique : elles suivent la plupart du temps les vieilles pistes indiennes.

Les différents facteurs que nous devons considérer, en vue de la disposition et de la construction des voies de grande communication, comprennent à la fois les exigences de l'automobile d'agrément la plus rapide et celles du camion de ferme le plus lourd et le moins rapide. Les automobiles rapides exigent des courbes à grand rayon, et l'absence de tournants brusques, une route bien plane, et assez large pour permettre à deux autos de se croiser en pleine vitesse. Des courbes de 18 à 35 mètres de rayon sont trop faibles pour des automobiles rapides.

Des courbes de 100 mètres de rayon sont en tous points préférables, si possible. A l'intersection des routes, et aussi loin que possible, tous les bâtiments qui ont une hauteur au-dessus d'un mètre du sol, devraient être en recul de l'angle d'environ 10 mètres, pour permettre de distinguer les autos arrivant dans la direction du carrefour. Les grandes routes devront être solidement construites, de préférence enduites de macadam ou de bitume, ou encore soigneusement pavées en blocs de pierre. Jusqu'à ces derniers temps, les routes d'Amérique étaient pavées seulement sur une largeur de 4, 5 et 6 mètres; mais, il se produisit de nombreux accidents d'automobiles. Les routes en béton ont acquis, dans ces derniers temps, une faveur particulière, en Amérique, car il semble qu'elles résistent excellemment à l'automobile : elles coûtent d'ailleurs moins cher, et sont d'un entretien beaucoup plus facile.

L'emploi de plus en plus courant des camions automobiles, pendant la guerre, donne à penser qu'ils seront un moyen essentiel de transport, dans l'avenir : la construction de nos chaussées devra en tenir compte.

Il faudra de même, mais à un degré moindre, envisager la circulation des autobus. Camions automobiles et autobus ont des exigences analogues à celles de l'automobile, sauf que, eu égard à l'augmentation constante de leur largeur et de leur poids, les fondations des routes devront avoir une épaisseur de 30 à 40 centimètres, au lieu de 15 à 25, et que la largeur du pavé devra être portée à 7 mètres et à 8 mètres, si c'est possible.

Il y a encore le véhicule à traction animale, le camion à chevaux, le chariot de ferme, la bicyclette, le tramway à trolley interurbain, rapide ligne de transit, et la circulation des piétons.

La voiture à chevaux peut utiliser la route automobile qui vient d'être décrite, mais sa vitesse plus réduite ajoute un élément de danger pour la route, et un pavé dur blesse le sabot du cheval. De toutes façons, une augmentation de la largeur de la route, ou la construction d'une route plus douce le long de la voie réservée aux autos serait la meilleure solution. Les camions à chevaux ou les chariots de ferme emprunteraient ce chemin auxiliaire suivant la route, très avantageusement. Les cyclistes prendraient la route automobile, avec la possibilité de se garer sur le chemin réservé aux voitures, à l'approche d'une auto roulant à toute vitesse.

Là où la circulation combinée est réduite, une simple route d'une surface dure de 6 m. 50 à 8 mètres de large suffirait. Quand il existe une circulation intense de toute nature, il y a un grand avantage à construire des chaussées semblables à celles qui existent dans beaucoup de régions de la France, formées d'un pavage avec fondations épaisses, de 7 mètres de large, au centre, avec bas côtés de 3 mètres environ, de construction plus légère et moins dure, avec un drainage bien organisé et avec une transition à niveau entre la superstructure en pierres dures et le bas côté moins dur.

Il est désirable, au point de vue de l'économie et de l'utilité, que les tramways interurbains empruntent les routes. Ils occuperont une bande spéciale, le long de la route, et auront leurs ponts et tunnels particuliers. Pour leur conserver une vitesse au moins égale à celle des automobiles rapides, il est désirable que les routes n'aient pas de tournants trop forts, c'est-à-dire qu'on doit adopter des rayons les plus longs possible.

Dans les localités traversées par la route, ou dans les villes formant tête de route, il sera désirable que la chaussée ne se rétrécisse pas trop, et n'offre pas de tournants brusques. Dans les vieilles villes d'Europe, où les rues sont souvent étroites au centre, nous constatons la tendance à drainer la circulation des automobiles aux abords de la ville, au moyen d'un boulevard circulaire. Cela est bien, par exemple, pour une ville comme Noyon, où les boulevards construits à l'emplacement des anciennes fortifications, servent à détourner la circulation des autos des ruelles tortueuses du centre de la ville; mais, en Amérique, les rues sont, en règle générale, assez larges pour porter à la fois jusqu'au centre de la ville tout le trafic en transit, et, en plus, le trafic local. Chaque cas particulier devra, par conséquent, être soumis à un examen spécial.

Une autre caractéristique des villes européennes, et en particulier des villes françaises, que l'on ne trouve presque jamais dans les villes américaines, c'est la présence de portes monumentales. Sans doute, en France, la plupart de ces portes sont les restes des vieilles barrières des villes fortifiées; mais cependant, on en a construit tout récemment en guise de souvenirs. Les portes de Nancy et de Lille en sont des exemples particulièrement frappants. Elles donnent un aspect très agréable et tout à fait hospitalier à la ville.

D'une façon générale, les routes sont le squelette du *planning* interurbain. Elles forment, avec les voies ferrées et les routes navigables, le cadre du *planning* d'un état. En jetant les bases d'un projet de ville, la partie essentielle consistera à étudier les voies de grande communication, sur un rayon de 20 à 30 kilomètres autour de la ville, et, ce faisant, il faudra prévoir des communications aussi directes que possible, par l'emploi de courbes larges et de moyens d'accès directs et suffisants pour la traversée ou l'approche des villes et agglomérations intéressées.

Accès par tramways interurbains à trolley.

Les tramways à trolley interurbains et les moyens de transport rapides ont pris aux Etats-Unis, depuis ces dix dernières années, un développement considérable, tout particulièrement dans les Etats du Centre. Dans l'Ohio et dans l'Indiana, par exemple, on a des express qui relient de grands centres distants de 80 ou 100 kilomètres, express formés de grands wagons dont les sièges sont confortablement rembourrés, et ces distances sont franchies avec très peu d'arrêts. La voie suit généralement la grand'route; mais, par économie de temps et d'argent, la voie peut aussi être indépendante. Elle est alors établie à travers champs, tout comme une voie ferrée ordinaire. Lorsque la voie suit une grand'route, elle se tient toujours d'un même côté, et occupe une plate-forme qui vient s'ajouter à la largeur de la route, et est réservée exclusivement à la circulation des tramways à trolley. Ces voies sont beaucoup moins coûteuses à construire, et beaucoup plus faciles à entretenir, lorsqu'il n'y a pas de pavé entre les rails.

Ces voies sont presque toujours du même écartement que celles des trains à vapeur, de sorte que les voitures sont interchangeables. Aussi, ces tramways interurbains transportent-ils souvent des marchandises, et recueillent-ils le lait et les produits agricoles dans les fermes qui sont le long de la ligne. On voit même souvent des wagons de marchandises ordinaires sur ces lignes.

Ce qu'il y aurait de correspondant, en France, ce sont ces chemins de fer légers, à voie étroite, que l'on appelle les « Chemins de Fer économiques », les « Decauville » et les « Voies de 60 » que l'on trouve dans beaucoup de campagnes de France et qui, multipliés, ont joué un rôle si important dans le voisinage du front.

Le développement logique du trafic interurbain comporte la création de gares terminus pour les voyageurs et les marchandises, dans les principaux centres, et de haltes et de salles d'attente en divers endroits, le long de la route, et en particulier au croisement des principales routes. Indianapolis, par exemple, possède, au centre de la ville, un grand terminus de tramways où convergent douze lignes interurbaines. Cleveland (Ohio) construit, sur sa principale place centrale, un terminus analogue : la plupart des lignes interurbaines y convergent en sous-sol.

A Boston, il y a deux points de concentration principaux, aux extrémités opposées de la ville : un terminus à Roxbury, pour les lignes interurbaines sud, et un autre à Somerville, pour les lignes interurbaines nord. Une ligne à quatre voies et à trafic rapide relie ces deux terminus à travers la ville.

Newark (dans le New-Jersey) possède deux terminus interurbains très importants, qui se trouvent tous deux sur la place du Parc, au centre de la ville. Le terminus interurbain pour tramways à trolley, récemment construit, a huit étages, et des voies situées à trois niveaux différents : la voie du sous-sol est utilisée par les tramways interurbains venant du Nord et de l'Ouest; une voie, au premier étage, est réservée aux tramways venant du Sud et de l'Est; pour chacune des deux lignes, la voie forme une boucle, ce qui dispense les trains de toute manœuvre d'avant et de recul. Le niveau du sol est occupé par la circulation, tandis que les étages au-dessus des voies sont réservés à des bureaux.

L'autre terminus dessert uniquement ce que l'on appelle les « Metros Hudson », à trafic électrique rapide entre Newark et la partie centrale de New-York, qui alimentent les réseaux de Pennsylvanie et autres, en leur amenant les voyageurs de la partie basse de New-York. Le vaste terminus construit à New-York dans le quartier des affaires, et connu sous le nom de Terminus de l'Hudson, se compose de deux grands bâtiments de vingt-cinq étages chacun, avec plusieurs étages souterrains, où des trains ordinaires à grande vitesse viennent boucler leur circuit.

Ces moyens de transport interurbains prennent de plus en plus le caractère de transport de marchandises : ils remettent dans les campagnes les colis postaux expédiés par les grandes maisons urbaines, et apportent, par contre, à la ville, les produits agricoles, d'une manière régulière. C'est ce qui a amené la création de terminus de marchandises pour les trains-tramways, ainsi que d'entrepôts à leur usage. A Cleveland, par exemple, il existe un important terminus de marchandises, qui sert à la fois aux trains ordinaires et aux tramways. De même, en France, nous trouvons beaucoup de gares de marchandises utilisées par les réseaux à voie normale et à voie étroite.

Il faut, en outre, de la place, et même beaucoup, pour ranger les wagons, pour les réparer, pour des restaurants et des logements à l'usage des employés. On a donc acheté dans les faubourgs des villes de vastes terrains à cet effet.

Lorsque des ponts ou des tunnels sont nécessaires, la ligne à trolley a d'ordinaire les siens propres, même lorsqu'elle suit une grand'-route. Il lui faut un pont de construction plus résistante et ce serait une dépense inutile que d'en construire un semblable sur toute la largeur de la route.

D'une manière générale, le développement du trafic interurbain, — qui est d'ordinaire électrique en Amérique et à vapeur en Europe, — doit entrer sérieusement en ligne de compte lorsqu'on étudie un plan de futur développement des relations entre plusieurs villes : il y aura lieu, en effet, d'élargir les routes pour la voie à trolley, ou de se préoccuper de droits de passage spéciaux à travers champs. En ce qui concerne le développement de la ville seule, il faudra prévoir un emplacement central et suffisamment grand pour les terminus et pour le rattachement de la ligne à trolley aux terminus de marchandises des lignes à exploitation normale à vapeur. Il faudra également du terrain pour les entrepôts, et des haltes couvertes à l'intersection des principales routes.

Accès par voie aérienne.

La guerre a développé énormément l'aviation, qui jouera certainement un rôle considérable dans le trafic des voyageurs et des marchandises. Même avant que l'Amérique entrât dans la guerre, on avait étudié la question des terrains d'atterrissage dans diverses villes des Etats-Unis.

Actuellement, la France, l'Angleterre et l'Amérique établissent des projets importants pour le développement de l'aviation commerciale, et, dans chacun de ces pays, le gouvernement, collaborant avec des associations privées, a étudié les diverses routes commerciales et les emplacements possibles pour l'atterrissage. En Amérique, l'administration des Postes, en collaboration avec le Ministère de la Guerre, celui de l'Intérieur et l'Aéro-Club Américain, a établi un certain nombre de routes postales aériennes, dont plusieurs sont déjà desservies chaque jour. On prépare des terrains d'atterrissage dans les faubourgs de plusieurs villes. Divers hôtels ont même aménagé sérieusement un emplacement sur leurs toits pour l'atterrissage des avions; mais, jusqu'à présent, ce n'est pas bien pratique. Toutefois, avec le développement des dirigeables, et la découverte probable d'un dispositif permettant aux plus lourds que l'air de planer immobiles à leur gré, l'aviation pourra arriver à jouer un rôle beaucoup plus important qu'à présent, dans les projets d'aménagement des villes.

En ce qui concerne les terrains d'atterrissage, les experts sont actuellement d'accord pour évaluer à 12 hectares environ le minimum nécessaire. On aurait ainsi la place indispensable, non seulement pour atterrir et s'envoler, même dans le brouillard ou par un fort vent, mais aussi pour construire des hangars, ateliers de réparations, établir des postes de signaux, d'observation aérienne, des logements, etc.

Si les dirigeables venaient à se développer beaucoup, il faudrait plus de place encore, vu les dimensions des hangars nécessaires pour les abriter, et des appareils gazogènes pour les rendre plus légers que l'air.

Vu le développement des hydroplanes, il faudra des terrains ou plates-formes d'atterrissage et des hangars pour les abriter, sur les bords de l'eau. Il y aura là d'intéressantes créations nouvelles pour les villes situées sur de gros cours d'eau, ou au bord de la mer ou de lacs.

D'une manière générale, le problème de l'aménagement des villes, en ce qui concerne le développement de l'aviation, consistera surtout à créer de vastes terrains d'atterrissage pour les aéroplanes, hydroplanes ou dirigeables, aisément accessibles depuis le centre de la ville, du moins dans la mesure du possible, par trains à trolley ou automobiles. Ces terrains devant être aussi plats et unis que possible, la topographie des environs devra être étudiée avec soin, et il y aura lieu de se préoccuper d'avance des emplacements qui paraîtront le mieux appropriés.

III

Circulation urbaine

Système de rues et voies principales.

Dans les anciennes villes d'Europe, nous nous étonnons souvent de voir combien les rues sont étroites et irrégulières. La raison en est généralement qu'elles n'ont jamais fait l'objet d'un plan. On a construit des maisons et des boutiques là où on en avait besoin, et l'espace laissé libre entre les constructions leur servait d'accès ; ce sont ces passages qui sont devenus plus tard des rues. En vertu du principe d'inviolabilité de la propriété particulière, une fois qu'un homme a construit sur un terrain, il devient très difficile de lui en enlever une partie pour l'intérêt général. Nous en sommes arrivés à ce point qu'aujourd'hui, avec la forte augmentation de la circulation et nos besoins modernes, il faut avoir recours à des études scientifiques pour établir le plan de nos cités et de nos villes, non seulement afin d'adapter les anciens quartiers aux nécessités de l'heure actuelle, mais encore pour être assurés que les nouvelles parties des villes, dans leur installation et leur développement, profiteront de l'expérience du passé.

Quels sont les besoins de la circulation urbaine?

Ils consistent en ce que chacun doit, non seulement entrer dans la ville et en sortir facilement, rapidement, commodément et en toute sécurité, mais encore se rendre d'un point de la ville à l'autre, dans les mêmes conditions. Dans un petit village, cela est relativement facile; mais, lorsque ce village devient ville, le problème est considérablement augmenté; les anciennes voies principales ou routes de traverse sont encombrées de véhicules et de piétons, et, de toute rue latérale, nous sommes menacés perpétuellemant de voir déboucher une automobile; les chaussées sont devenues trop étroites et trop tortueuses; les voitures ne peuvent plus stationner le long des trottoirs, si bien qu'à moins de mesures radicales, la vie des villes peut en être grandement troublée.

Les voies principales et les lignes de transit entrant dans une cité convergent vers le centre; dans un village, ce centre est habituellement unique; dans les grandes villes, au contraire, il y en a plusieurs. Le centre est généralement un endroit de grand mouvement d'affaires, surtout d'affaires de détail, mais ce sera souvent aussi le centre administratif de la commune. Dans la plupart des grandes villes d'Amérique, magasins, boutiques, hôtels, se groupent dans les centres, et même les lieux de plaisir, que chacun a l'habitude de fréquenter. A New-York, il y a un centre en descendant, au-dessous de l'hôtel de ville, d'autres à la 125e Rue, autour de Brooklyn Borough Hall, à Long Island City, sur le Bronx, et il en existe encore trente à quarante de moindre importance dans les districts de banlieue. Philadelphie, Chicago et Boston sont plus concentrées; à Paris, il existe au moins cinq ou six centres principaux, de même à Londres.

Le système idéal est celui qui relie, par une ou plusieurs voies principales, chacun de ces centres avec les autres, ou encore chacun des centres principaux avec les centres secondaires, et aussi avec les voies d'accès et de sortie de la ville. Il y a aussi des voies circulaires, reliant non seulement chacun des grands centres, mais encore chacun des centres secondaires. A Paris, par exemple, les voies radiales telles que le Boulevard Malesherbes, l'avenue des Champs-Élysées, le boulevard

Raspail, le boulevard Sébastopol, qui relient des centres importants à des centres secondaires; des voies circulaires, telles que les grands boulevards, les boulevards extérieurs, et la ligne des boulevards qui suit intérieurement les fortifications (trois lignes successivement créées à mesure que grandissait la ville), relient entre eux divers centres. A Washington, nous trouvons les mêmes principes supérieurement étudiés dans le plan de L'Enfant; à Chicago, à Boston, à Philadelphie, à Saint-Louis, etc., des allées promenades modernes, tiennent lieu en partie de boulevards circulaires. Outre ces voies principales, qui donnent les moyens les plus normaux de se rendre d'un point d'une ville à un autre, un certain nombre de voies secondaires mènent aux centres de moindre importance, et alimentent tour à tour les petites rues et les rues locales. Par exemple, à Paris, les Champs-Elysées sont une voie de passage principale, et une rue comme la rue Marbeuf, ou la rue de La-Boétie, qui y conduisent sont des rues secondaires; les petites rues de traverse qui mènent à ces deux dernières sont des rues encore moindres, ou des rues bourgeoises. A New-York City, la 42e Rue est une voie de passage principale, les avenues Madison ou Lexington sont des voies de passage secondaires, et les rues transversales qui y aboutissent, de petites rues ou des rues locales.

En général, les voies principales servent à toutes sortes de transports : automobiles rapides et voitures, camions à chevaux et automobiles, autobus, circulation ordinaire des bicyclettes et des piétons. Dans certaines des plus grandes villes, il devient nécessaire de séparer les véhicules à marche rapide des autres. C'est ainsi que la 5e Avenue de New-York est interdite aux camions et voitures lentes, qui doivent emprunter les rues parallèles, Madison et la 6e Avenue. Mais là où il n'est pas possible d'opérer cette séparation, on a l'habitude de réserver le centre de la chaussée aux voitures à marche rapide, et les côtés aux véhicules lents, comme on le fait aux Champs-Elysées à Paris, ou à Broad et Market Street à Philadelphie. Cela a conduit à créer, comme dans Riverside Drive, à New-York, et en d'autres endroits, suivant le système d'allées promenades de Boston, de Chicago, de Kansas et de l'avenue du Bois-de-Boulogne, à Paris, une large voie principale pour les automobiles rapides, et une voie de service plus étroite pour le trafic lent et les livraisons locales.

Les mêmes besoins existent, à un moindre degré, dans les rues secondaires. Ils sont à peine sensibles dans les petites rues ou rues locales. Là, le problème se résume à avoir une voie assez large pour le trafic moyen, en réservant une largeur suffisante pour les voitures qui stationnent le long des trottoirs.

Il est clair qu'il y a toujours un autre moyen de décongestionner les rues, en réglant le trafic d'une manière scientifique, mais cela implique l'entretien d'un certain nombre d'agents de police.

En Amérique, dans un grand nombre de villes, des agents sont chargés, sur les voies principales, de la police du trafic, suivant les principes établis par M. Eno et autres, mais ce n'est là qu'un palliatif. Quand on peut le faire il est préférable de résoudre le problème par la construction rationnelle des voies.

Au point de vue des lots occupés par les immeubles publics ou particuliers, le caractère du système de rues peut avoir une très grande importance. Le lot idéal à destination d'immeubles est un carré ou un rectangle avec quatre angles droits. La propriété se vend mieux, la construction est plus simple et plus économique, et l'enregistrement des propriétés est bien simplifié. La plupart des propriétaires d'immeubles en sont si bien convaincus qu'ils ignorent les avantages de la circulation des rues radiales, et les avantages des coins de rue triangulaires ou des rues courbes ou irrégulières, et dressent le plan des propriétés qu'ils désirent acquérir selon un système de lignes rectangulaires, sans aucune espèce de charme ni de convenance d'accès. En fait, la plupart des villes américaines sont construites sur le modèle d'un damier. Philadelphie et Savannah ont été construites ainsi dès les

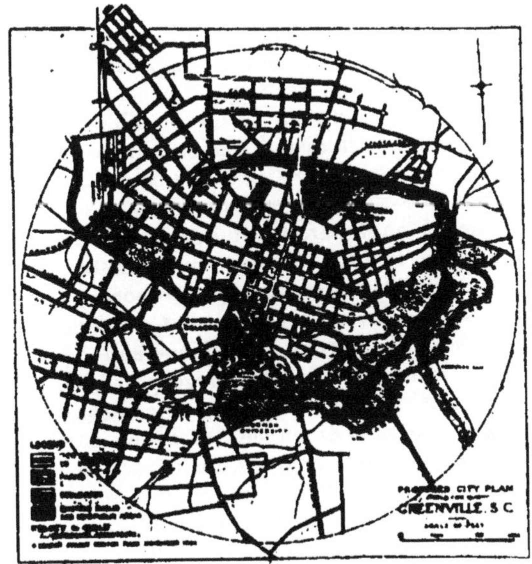

GREENVILLE (Caroline du Sud)
Plan d'ensemble avec système de rues, boulevards et parcs.

débuts de l'histoire de l'Amérique, et la plupart des autres villes ont suivi leur exemple, qu'elles fussent construites en terrain plat ou sur des collines escarpées. Boston et New-

York elles-mêmes, depuis cinquante ans, ont donné dans le damier. En Europe, sauf quelques exemples isolés, tels que Vitry-le-François, nous ne trouvons guère de ces damiers; c'est surtout en entrant dans Vitry par l'est que nous nous rendons compte, par contraste, des désavantages de ce système. Pour atteindre le centre de la ville rectangulaire, il faut tourner arbitrairement un certain nombre de fois à angle droit : la distance d'un point à un autre est presque une fois et demie ce qu'elle serait dans une ville à artères radiales.

Les rues à angle droit ont cependant un avantage que l'on ne saurait méconnaître, quand leur orientation est presque du nord au midi : c'est que les rayons du soleil peuvent pénétrer dans les maisons, de chaque côté de la rue, de la manière la plus large possible. Toutefois, ces rues sont monotones et absolument sans attraits si on ne les coupe par des diagonales ou des courbes, ou encore par des rues d'un tracé pittoresque, ou interrompues par des squares plantés, de distance en distance. De telles modifications d'ailleurs ne diminueraient guère l'admission des rayons solaires dans la plupart des fenêtres. Une rue courbe ou irrégulière, parmi un dédale de rues à angle droit, est vraiment un délice pour l'œil. Quoi de plus charmant que les vastes courbes de Regent Street à Londres, ou de High Street à Oxford? Elles se présentent au moment voulu pour rompre la monotonie des autres voies.

Un autre caractère important du tracé, c'est sa mobilité. Il faut des rues souples susceptibles à n'importe quelle époque de passer du rang de rue locale à celui de rue secondaire, et du rang de rue secondaire au rôle de voie principale, et cela sans difficulté, et sans obligation de démolir les constructions existantes, condition idéale, qui n'a été réalisée que dans bien peu de plans modernes !

Le principe est le suivant : il est toujours possible, au fur et à mesure que la ville se développe, et avec le changement de conditions, qu'une petite rue bourgeoise devienne quelque jour une rue secondaire, ou même une voie principale, et que les maisons aient à faire place à des magasins et à des fabriques. Il n'est que raisonnable, tant que la voie reste une petite voie bourgeoise, de la laisser aussi étroite que possible, et de ne s'occuper que du trafic purement local, de manière à diminuer le prix d'établissement de la voie d'accès aux immeubles. Mais que l'on laisse devant les maisons assez d'espace pour qu'une chaussée de 5m,50 à 6 mètres puisse éventuellement être portée à 12m,15 ou 18 mètres et qu'on aménage de chaque côté de la voie simplement quelques bancs de gazon qu'on ajoutera à la voie en cas de besoin, nous aurons alors une souplesse parfaite, avec un minimum de frais. Ce principe a été observé dans les faubourgs-jardins en Angleterre; il a été très généralement adopté dans les beaux travaux d'organisation de quartiers en Amérique, et s'est même étendu jusqu'à un certain point au continent européen.

Un autre principe à observer dans le tracé des rues est d'éviter l'obstruction, particulièrement celle qui retarderait le trafic. Une pente de 3 0/0 peut facilement être montée; mais 5 0/0 sont un maximum dans l'espèce, et 8 0/0 représentent la pente la plus raide que des voitures ordinaires puissent escalader sans un effort considérable. Aussi, le tracé des rues sur une colline, d'après le système du damier, est-il généralement illogique, puisqu'il suppose qu'une bonne partie des rues seront dures à monter.

Le tracé actuel anglais et américain sur les collines place les principales rues obliquement, à une inclinaison commode; les rues secondaires et les petites rues débouchent dans les artères principales, sous un angle commode, et avec une pente facile. Un grand nombre de ces rues sont, par le fait, plutôt courbes que droites.

Le même principe de diminution de l'obstruction s'applique à la suppression des passages à niveau sur les chemins de fer et des croisements de lignes rapides de transit, et à leur remplacement par des ponts et des tunnels. En Angleterre, et sur le continent européen, il y a relativement peu de passages à niveau, et ceux qui existent sont toujours protégés par des barrières. En Amérique, on en a supprimé fort peu, même au cœur des villes, et à Chicago notamment, où il y a vingt-sept réseaux de chemins de fer entrant dans la ville, il y a des centaines de passages à niveau dans l'intérieur, qui sont une menace constante. Il y a une grande économie à la longue à supprimer les passages à niveau dans le tracé des villes ou des quartiers.

Il arrive que la ville soit coupée en deux par une colline, il est, alors, désirable de percer un tunnel de manière à y faire passer le trafic à niveau. C'est ce qu'on a fait à Lausanne, en Suisse, et le projet en a été dressé pour Pittsbourg, aux Etats-Unis.

Une autre question délicate, c'est la traversée des cours d'eau. Lorsque le cours d'eau est étroit comme la Seine à Paris, la Tamise à Londres, ou le Chicago River à Chicago, ou encore le Charles River à Boston, le problème est relativement facile et l'on peut facilement jeter des ponts en fer, ou en béton ou en pierre. S'il y a un grand mouvement de bateaux sur le cours d'eau, il est nécessaire de pourvoir le pont de coulisses qui permettent de l'ouvrir et de le fermer facilement, ainsi qu'on le fait dans les deux villes d'Amérique précitées, et à Harlem River, dans l'Etat de New-York. Là où la rivière est large et sillonnée par les navires transatlantiques, comme c'est le cas pour l'Hudson, ou l'East River, à New-York, il est nécessaire, soit de construire un pont très élevé, à 45 mètres en l'air, soit un tunnel. A New-York, il y a cinq de ces ponts suspendus sur l'East River, et actuellement l'on projette un pont semblable et divers tunnels à voitures à travers l'Hudson. A Londres, le même problème a été résolu par le fameux pont de la Tour, avec sa chaussée élévatoire; à Rouen et à Marseille, en France, on emploie un transbordeur suspendu à une voie supérieure. A Liverpool, nous avons, d'autre part, le fameux tunnel sous la Mersey, pour les voitures.

En résumé, les systèmes de voies doivent être adaptés à la circulation, afin de permettre toujours un changement éventuel du développement ou du caractère de leur emploi.

La question de savoir si les rues doivent être droites, courbes, ou irrégulières, dépend pour chaque cas, de la topographie et du besoin esthétique de variété ou de contraste. Par raison d'économie en matière de rues, et en particulier, de chaussées, il ne faut adopter que la largeur strictement nécessaire à la circulation courante, largeur qui dépend du genre de rues, principales, secondaires ou petites.

Mouvement à travers les rues.

Dans les villages et les petites villes, on peut aisément circuler à pied d'un endroit à l'autre. Mais, lorsque la ville acquiert des dimensions plus étendues, cela devient de plus en plus difficile, et lorsque la ville contient huit à dix mille âmes, et même un peu au-dessous, il devient fort désirable de posséder quelques moyens de transport.

Le premier type employé fut l'omnibus à chevaux, qui céda peu à peu le pas à l'autobus. Ce genre de voiture possède l'avantage de la mobilité; car, si une rue vient à être bloquée, l'autobus peut contourner l'obstacle, ou même modifier son itinéraire. Les dimanches et jours de fête, pour les réunions de plaisir ou de sports, on peut concentrer toutes les forces de transport ou cela est nécessaire. Par contre, force motrice et dépense kilométrique, par voyageur transporté, sont plus onéreuses qu'avec le rail.

Les autobus sont en service dans nombre de villes d'Europe et d'Amérique ; ils sont presque toujours exploités par des compagnies privées qui paient à la ville pour l'usage de ses rues une certaine redevance. Cette redevance doit être forte, parce que le pavage des rues souffre beaucoup; si les fondations du pavage ne sont pas profondes et bien faites, les autobus peuvent les défoncer en fort peu de temps. En Amérique, c'est à New-York City que le service d'automobiles est le plus développé, et presque toujours dans des rues qui ne sont pas occupées par des lignes de transport.

La première forme de transport sur rails a consisté en voitures traînées par des chevaux, et c'est du reste une forme encore fort en usage à la campagne, en Amérique, et dans les rues de peu d'importance des villes. Toutefois, la voiture à chevaux a cédé le pas à la traction par l'électricité, et même à l'occasion comme à Paris, par la vapeur ou la gazoline. La plupart des voitures électriques, en Amérique, sont à trolley aérien, mais dans la plupart des cas à New-York, Chicago, Philadelphie, Paris, etc., les voitures sont actionnées au moyen d'un câble souterrain, entre les voies. Malgré l'abondance de la neige et de la glace dans les villes du nord de l'Amérique, il ne semble pas qu'il soit bien difficile de maintenir la circulation.

Pour l'établissement d'un système de transports urbain, les lignes doivent suivre les principales artères, de manière à assurer la circulation du public entre les points d'habitation et les points de travail. En théorie, personne ne doit avoir à faire plus de 400 ou, au maximum, de 800 mètres pour atteindre une ligne de tramways, et, sur ces lignes, les voitures doivent se suivre à intervalles assez fréquents pour que les voyageurs n'aient pas à attendre.

Cela signifie qu'il faut, au début, avoir une voie unique, avec des voies de croisement. Quand le trafic augmente, la voie est doublée, et, avec le développement de la ville et du trafic, il devient nécessaire de construire des lignes rapides, permettant d'aller plus vite, avec moins d'arrêts. D'où la construction de lignes aériennes ou souterraines. A Boston, toutes les lignes suburbaines aboutissent à deux points terminus, situés respectivement à Sullivan Square au nord de la ville, et à Dudley Square, au sud ; ces deux terminus sont réunis à travers le centre de la ville par une ligne à quatre voies, aérienne à l'extérieur, souterraine au centre de la ville. Les autres lignes de surface se greffent en divers points sur ce chemin de fer souterrain, et sur le chemin souterrain de jonction.

En Amérique, la plupart des villes au-dessus de 500.000 habitants actuellement, possèdent ou construisent un système rapide de transit par voies au niveau du sol, aériennes ou souterraines. Le système adopté pour les transports de New-York repose, comme, d'ailleurs, à Philadelphie, à Chicago, à Boston, sur ce principe que les lignes principales agissent comme collecteurs de toutes les lignes de transport de la surface, qui peuvent s'y alimenter; et que, de plus, elles doivent s'étendre à l'extérieur en tous sens, à travers la campagne non encore exploitée et de manière à ouvrir cette campagne aux buts d'habitation, d'affaires et d'industrie, et à diminuer la congestion dans le centre de la cité.

Le genre de construction le plus économique d'un système rapide de transports, c'est la tranchée découverte. Si le chemin est assez large pour permettre l'établissement de banquettes à talus des deux côtés, on a là une disposition excellente : avant la guerre, la dépense ne dépassait pas 25.000 dollars par mille (1^{km},609) de voie unique; mais ce système n'est pas pratique dans une rue qui n'aurait pas 125 pieds (38^{m}) de large. D'autre part, en faisant des murs maçonnés, il serait possible de réduire cette largeur à 100 pieds (30^{m},48), mais cela reviendrait, par contre, deux fois plus cher.

La tranchée découverte est préférable à la voie aérienne, parce qu'elle coûte habituellement moins cher, qu'elle est beaucoup moins bruyante, et qu'on peut plus tard, lorsque la ville se remplit de constructions, la convertir en voie souterraine couverte.

Lorsque les rues n'ont pas 100 pieds (30^{m},48) de large, lorsque le trafic est trop considérable, pour songer à établir une tranchée ouverte, ou encore lorsque le sous-sol est formé de roche dure, trop coûteuse à creuser, il faut recourir à la voie aérienne. Les premières construites, à New-York et à Chicago, entre 1875 et 1890, sont en fer ordinaire, très bruyantes et laides d'aspect. On les a édifiées à travers les principales rues, sans avoir égard à l'effet préjudiciable pour le voisinage, en sorte que la plupart des rues où elles passent sont perdues pour les bonnes affaires.

Aujourd'hui, les villes américaines ne construisent plus de lignes aériennes dans le centre de leurs affaires, mais elles font des lignes souterraines, même quand il faut pour cela traverser une couche de roche dure, qui porte le prix de revient à 2.000.000 dollars par mille courant ($1^{km},609$). Dans le vieux New-York, on trouve en effet des lignes souterraines construites entre les fondations de gratte-ciels, dans des rues qui n'ont parfois pas plus de 10 mètres de large. Les principales lignes souterraines de New-York ont quatre voies, avec deux lignes locales sur le côté extérieur. Ces dernières ont des stations tous les 400 mètres, et qui se déversent dans les deux lignes centrales rapides, dont les trains ne s'arrêtent que tous les deux ou trois kilomètres.

Lorsqu'une ligne rapide de transport doit traverser un cours d'eau, un lac, ou un bras de mer, c'est presque toujours par voie souterraine. A Paris, sauf en deux endroits, la traversée de la Seine a lieu en souterrain. A New-York, à Chicago, et Boston, la plupart des traversées sont aussi souterraines.

A Chicago, on a établi tout un ensemble de tunnels pour marchandises au centre de la ville. Du reste, on a proposé un plan semblable pour New-York. Ces tunnels sont petits et reçoivent des voitures à voie étroite, mues par l'électricité. Elles servent à la circulation des marchandises entre les gares de marchandises des chemins de fer et les magasins et fabriques, mais par suite de leur manque de souplesse, on les a largement remplacées par des camions à moteur. Leur principal usage consiste à présent à transporter le matériel de démolition ou d'excavation provenant des opérations de construction.

En résumé, tout projet de réseau de rues, qu'il soit général ou partiel, qu'il embrasse ou non l'extension, devra tenir compte des possibilités de développement des moyens de transport. Tracé et largeur des voies seront déterminés en conséquence.

Organisation des rues. La pente des rues où le trafic est intense doit être faible. Il est de pratique constante, en Amérique, de regarder 5 0/0 comme un maximum sur les routes principales, et autant que possible, on ne dépasse pas 3 0/0. D'autre part, il est désirable d'avoir une certaine pente dans les rues pour l'écoulement des eaux pluviales, et les eaux d'égouts. New-York, Boston, Philadelphie, Pittsbourg, enfin toutes les villes les plus importantes d'Amérique, ont dépensé beaucoup d'argent dans ces derniers temps pour diminuer la pente des voies principales dans l'intérieur de la ville, au risque même d'augmenter la pente des rues moins fréquentées. Dans une ville comme Omaha (Etat de Nebraska), où un quart des rues a une pente de plus de 5 0/0, ce problème est très sérieux, et dans un grand nombre de cas où ces voies principales débouchent dans une vallée, et remontent ensuite, la solution la plus économique a été de jeter un pont au-dessus de cette vallée, que l'on a purement et simplement abandonnée.

Lorsque nous abordons le problème important de rues de traverse, nous voyons que la première question c'est de déterminer leur largeur minima tout en satisfaisant à tous les besoins du trafic existant, et en envisageant leurs possibilités de développement ultérieur. Plus la rue est étroite, et moindre en sera le prix de revient pour les propriétés en bordure. La largeur des voies principales n'a que peu de rapports avec le caractère ou la profondeur des immeubles. Leur largeur et leur profil dépendent du trafic, mais les rues secondaires, et dans une large mesure, les petites rues, doivent être d'autant plus étroites que les propriétés en bordure seront moins profondes. D'autre part, dans les quartiers de premier ordre, notamment dans les quartiers habités par la classe riche, comme nous le voyons à Paris et dans la plupart des villes américaines, les pâtés importants avec de grands jardins vont de pair avec des rues relativement étroites. Dans les petites rues bourgeoises, où la question de trafic ne compte pas, plus étroites sont les rues et mieux cela vaut, parce que cela permet de diminuer le prix des propriétés et d'augmenter leur développement, ce qui est désirable. De plus, les rues étroites, en éloignant le grand trafic, ont encore l'avantage d'être moins poussiéreuses, moins chaudes en été, d'un aspect plus agréable, et moins dangereuses pour les jeux des enfants.

La Commission royale du trafic de Londres a essayé de régler la largeur des rues de Londres, en la fixant à 140, 100, 80, 60 et 40 pieds (42m,65, 30m,50, 24m,40, 18m,10 et 12m,20) de largeur, et maintenant Londres n'a que 13km,270 de longueur de rues d'une largeur dépassant 30 mètres, alors que Paris en a plus de 60 kilomètres. A New-York, Broadway, en haut de la ville, a 45m,70 de large, au milieu de la ville

30m,40 et en bas seulement 24m,80. La Park Avenue a 42m,65 de large, alors que les autres avenues de Manhattan, et huit ou dix principales rues de traverse, telles que la 23e, la 34e et la 42e, n'ont que 30m,48 de large. Le reste des rues a presque uniformément 18m,28 de large, sauf dans la vieille partie basse de New-York, où il y a un grand nombre de rues étroites qui n'ont que 9m,15 et 12m,20 de large. A Philadelphie, la plupart des rues ont de 15m,25 à 18m,28 de large, et à Chicago elles ont 15m,25, 18m,28 et 24 mètres de large.

Si l'on veut ménager la possibilité d'un élargissement ultérieur des rues, 15m,25 de large entre les façades des maisons représentent le minimum à envisager. Cela ne veut pas dire que la chaussée elle-même doive avoir 15m,25 de largeur : dans bien des faubourgs à jardins anglais, et dans diverses banlieues-jardins d'Amérique, telles que Forest Hill Gardens, à New-York, et Rolland Park, à Baltimore, nous trouvons des rues de 12m,20 à 15m,25 de large, mais avec un recul obligatoire des maisons en arrière de l'alignement des rues, qui laisse un espace libre entre les façades d'au moins 15m,25 à 18m,28. Les voies ne sont pas plus larges qu'il n'est absolument nécessaire pour les besoins du trafic immédiat; elles pourront être élargies sur un ou deux côtés dans l'hypothèse d'un développement futur, sans avoir à payer la reprise et la démolition d'immeubles.

Il y a avantage à tracer des rues étroites, lorsque les immeubles consistent uniquement en maisons d'habitation, que la hauteur et les dimensions des constructions sont strictement limitées, et que ces constructions ont une large façade et une profondeur restreinte.

Le profil d'une rue dépend en grande partie de son usage. Il faut tout d'abord rechercher et calculer le nombre de voitures de toute sorte qui passeront en moyenne par la rue, le nombre des piétons, étudier s'il n'y a pas lieu de laisser un espace libre pour les tramways, s'il convient ou non d'avoir des bandes de gazon, des arbres, des allées-promenades, des bas côtés pour cavaliers, enfin de réserver des places pour le stationnement des automobiles et des voitures ordinaires.

On a maintenant l'habitude, dans l'établissement des plans des villes, pour déterminer la largeur de la voie, de laisser $3^{m},65$ de libres pour chaque tramway ou ligne d'autobus, et de $2^{m},75$ à 3 mètres de large pour chaque véhicule à marche rapide et de $2^{m},15$ à $2^{m},45$ de large par voiture arrêtée contre les trottoirs. Pour les piétons, on accorde $0^{m},60$ de large par personne. Sur cette base, la 5e Avenue, à New-York, qui a $30^{m},48$ de large en tout, a été récemment élargie, en ce qui concerne la chaussée, de $12^{m},20$ à $13^{m},70$, en réduisant chaque trottoir de 9m,15 à 6m,85. Le résultat a été de doubler les possibilités de trafic de l'avenue. Il suffit largement de 16m,75 pour le stationnement des voitures contre les trottoirs, et pour quatre lignes de voitures rapides au centre. La grande majorité des rues latérales à New-York, ont 18m,28 de large, elles possèdent des chaussées de 9m,15 de large, qui permettent aux voitures de s'arrêter contre le trottoir, en laissant passer si elles ne vont pas trop vite, deux voitures dans l'intervalle. Une addition de 0m,60 à la largeur de la chaussée ajoute considérablement à la rapidité du trafic à travers ces rues.

Quand il existe une double ligne de tramways au centre d'une rue de 30 mètres, il est à désirer que la chaussée ait 18m,28 de large, pour éviter les accidents au moment de la montée ou de la descente des voyageurs. Pour des petites rues bourgeoises, 6m,70 à 7m,50 de chaussée constituent une bonne largeur, de manière à permettre aux voitures de stationner contre les trottoirs, en permettant un mouvement rapide dans l'intervalle. Dans certaines rues où le trafic est faible, sauf livraisons locales extraordinaires, la chaussée peut être réduite à 5m,48 ou même 4m,90. Le long de ces chaussées étroites les trottoirs n'auront pas de bordures de pierre.

Les trottoirs ne peuvent pas avoir moins de

$0^m,90$ ou même $1^m,05$ de large; ce qui permet seulement le passage de deux personnes de front. Dans des rues bourgeoises très étroites, il est possible de n'avoir des trottoirs que sur un côté de la chaussée, comme dans les faubourgs d'Hampstead Garden, en Angleterre et à Forest Hill Gardens, en Amérique; mais si la rue est très passante, il est nécessaire d'avoir deux trottoirs dont la largeur minimum sera de $1^m,50$.

Les bandes de gazon ne sont pas de mise dans des rues exclusivement commerçantes ou industrielles, mais dans toute autre rue où la largeur totale le permet, ces bordures en gazon, et même les plantations d'arbres doivent être multipliées le plus possible. La largeur des gazons n'est pas déterminée, non plus que leur emplacement, qui peut être, soit entre les contre-allées et la chaussée soit entre les contre-allées et la ligne des maisons, soit à la fois dans ces deux zones. Il en est de même de la plantation des arbres et des arbustes. Toutes choses égales d'ailleurs, si la rue est assez large, il est préférable de mettre les bordures de gazon et les arbres entre les chaussées et les contre-allées.

Dans tous les cas, la bande de gazon qui avoisine la chaussée doit avoir au moins 1 mètre de large, non seulement pour le coup d'œil, mais encore pour avoir un minimum de surface de terre découverte au-dessus des racines des arbres.

Pour le stationnement des automobiles et des voitures, il faut environ 6 mètres de long sur 2m,15 de large par voiture. Dans Broad Street, à Philadelphie, deux rangées d'automobiles sont parquées au milieu de la rue, dos à dos; dans Broad Street, à Newark, et dans nombre de villes de l'Ouest, où il y a des rues larges, les automobiles sont parquées obliquement ou perpendiculairement au trottoir, au lieu d'être parallèles à celui-ci. Tout cela doit être pris en considération pour déterminer la largeur de la rue.

Là où il existe un chemin de fer aérien, dans une rue de 30m,50 de large, comme c'est habituellement le cas à New-York City, la chaussée a 18m,25 de large, avec une double ligne de tramways immédiatement au-dessous de la double voie aérienne; les colonnes sont établies de chaque côté de la double ligne de tramways. L'espace laissé entre les colonnes et le trottoir sert pour une ligne de voitures stationnant, et une ligne de voitures en circulation. Dans de pareilles rues, le trafic est lent et dangereux. Le profil idéal de la rue, là où il y a un chemin de fer aérien, c'est la voie des boulevards extérieurs de Paris, ou du boulevard de la Reine (Queen's Boulevard) à New-York, où nous trouvons au centre de la rue, une bande de 12m,20 de large au moins, qui sert exclusivement à une chaussée surélevée, solidement construite, avec empierrement sous les rails de manière à éviter le bruit autant que possible ; l'espace en contre-bas sert de promenade, avec plantations le long des côtés.

Si la largeur d'une rue le permet, il est avantageux de faire deux, ou même trois chaussées, avec gazons, corbeilles de fleurs, encadrant des allées pour promeneurs, cavaliers et bicyclettes. Exemple : Commonwealth Avenue, à Boston, possède une chaussée assez large pour laisser passer trois voitures de front en chaque sens et, dans la partie médiane, un large gazon planté d'arbres dont le centre offre une promenade garnie de bancs. Riverside Drive, à New-York, a pour les voitures rapides une large chaussée, qui, de temps en temps, se divise en deux, et de chaque côté une étroite voie latérale. L'avenue du Bois-de-Boulogne, à Paris possède une large chaussée centrale, avec bandes de gazon et arbustes de chaque côté, et des voies de service étroites le long des maisons. Il existe des variantes nombreuses de ce système, qui dépendent entièrement des conditions locales et des idées individuelles du dessinateur.

Comme le danger augmente avec le développement du trafic, nous voyons de plus en plus, tant en Europe qu'en Amérique, se développer les refuges entourés d'une bordure en pierre au milieu de la chaussée. Ils ont d'ordinaire de 0m,90 à 1m,50 de large, et de 3 à 6 mètres de long. Quand c'est possible, ils sont éclairés de manière à s'annoncer facilement dans la nuit aux automobilistes. En Amérique, à New-York, à Philadelphie, à Détroit et ailleurs, ils sont ménagés uniquement au milieu de la voie, mais dans les Champs-Elysées à Paris, nous trouvons jusqu'à trois de ces refuges dans la largeur de la chaussée.

Le pavage des rues varie beaucoup suivant la circulation et la pente. Si celle-ci atteint trois ou quatre pour cent, l'asphalte ou le béton deviennent trop glissants pour les chevaux. Dans une ville où il y a un fort trafic, le macadam et la terre ne sont pas assez résistants. Là où il y a des fabriques et des magasins, le mieux, c'est d'employer le pavé; là où on trouve surtout des bureaux et des maisons de commerce, le pavage en bois est préférable. Dans les rues bourgeoises, l'asphalte est meilleur marché, il donne moins de poussière que le pavage en bois, bien qu'un peu plus bruyant. Dans un grand nombre de villes de l'Ouest, en Amérique, le pavage en briques est employé, mais, à moins d'apporter beaucoup de soins à son établissement, il s'use irrégulièrement. Dans les petites rues bourgeoises des villes de l'Ouest, et pour les principales rues des villages, les chaussées en ciment deviennent de plus en plus nombreuses. L'une des principales raisons qui militent en faveur d'un pavage dur uni, en dehors de la préoccupation d'éviter la poussière et le bruit, c'est la facilité de nettoyage, qui est un facteur très important de l'entretien.

Tant en Europe qu'en Amérique, on a eu l'habitude jusqu'ici de donner aux chaussées un profil bombé assez fort de 0m,30 ou même davantage pour une largeur de 12m,20; mais, en Amérique, ce profil a été bien abaissé, en sorte que maintenant, pour la même largeur de route, la saillie n'est plus que de 0m,15 à 0m,20.

Les ruisseaux qui longent les trottoirs varient de construction avec l'usage de la route. Dans les petites rues bourgeoises, et dans les petites villes et les villages, on emploie le ruisseau peu profond sans bordure en pierre. Il peut avoir le même pavage que la chaussée, ce qui permet, le cas échéant, à une voiture, de monter par-dessus le bord, sur la bande de gazon, sans aucune difficulté.

L'éclairage des rues a été l'objet d'un examen sérieux dans ces derniers temps, tant en Europe qu'en Amérique.

Le gaz ayant été utilisé avant l'électricité, et son prix étant d'habitude plus économique, nous le trouvons généralement employé en Amérique, aussi bien qu'en Europe. Mais, avec le développement successif des nouveaux types de lumière électrique, celle-ci est en train de supplanter rapidement la lumière du gaz, et, à New-York City, pendant les dernières années, des milliers de lampes ont été remplacées par la lumière électrique au gaz nitrogène.

L'ancienne méthode d'éclairage, ainsi que nous le voyons encore sur la place de la Concorde, à Paris, et dans la plupart des rues de New-York, consistait à employer un grand nombre de petits candélabres peu écartés, placés seulement à 3m,65 ou 4m,50 de hauteur; mais, on a reconnu que cela donnait la nuit une lumière très confuse, surtout lorsque le sol est mouillé, et c'est pourquoi on les remplace maintenant par un éclairage électrique à haute tension en grappes, élevé de 12m,20 à 15m,25 du sol. A toute intersection de rues passablement fréquentée, il devrait y avoir au moins deux de ces grappes, aux coins diagonalement opposés. La confusion est moindre si elles se trouvent sur le trottoir que dans le milieu de la rue, ainsi qu'on l'a reconnu d'après les expériences faites à la 5e Avenue de New-York.

En résumé la largeur des rues, leur pente, leur pavage et leur éclairage devront être étudiés avec un grand soin, au point de vue de chaque cas particulier. L'application du meilleur système de rues peut être gâchée par un défaut d'examen suffisant des détails (1).

Croisements de rues et Places.

La création de places dérive de plusieurs raisons principales. Elles sont tout d'abord nécessaires pour distribuer le trafic au centre d'une agglomération où se rencontrent un certain nombre de voies principales de communication ; elles sont ensuite indispensables pour permettre le stationnement des véhicules devant les édifices publics, théâtres, clubs ou hôtels, où un public nombreux se rend en voiture ou en automobile. Jadis, elles servaient surtout de lieux de réunion, comme c'était le cas pour le *Forum* romain, ou bien leur raison d'être était purement esthétique, pour ménager à un édifice public important un aspect et un accès imposants.

Le meilleur moyen, et le plus simple, de régler la circulation aux croisements de rues, consiste à avoir une intersection perpendiculaire. Un croisement oblique est plus diffi-

(1) Nous réservons pour le chapitre sur l'Architecture des Rues, les questions relatives à l'emploi des poteaux, fils aériens, à l'indication du nom des rues, aux planches à affiches, à la plantation des rues, aux kiosques, aux entrées souterraines et aériennes, aux cabinets de toilette, boites aux lettres, avertisseurs d'incendie, fontaines, bouches d'incendie, statues, etc.

cile et plus dangereux qu'un croisement à angle droit; c'est pour cela que, dans l'établissement des plans des rues des villes américaines, on s'efforce couramment d'éviter un

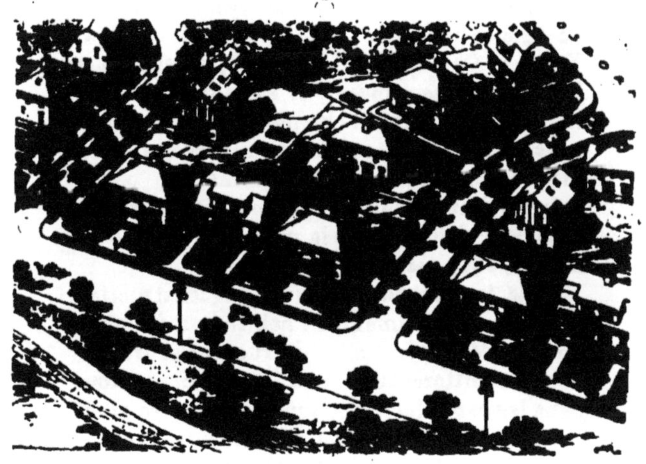

SALEM

Type de banlieue-jardin.

(On notera les variations obligatoires de recul de l'alignement.)

croisement oblique, chaque fois que c'est possible, et qu'en ce qui concerne les rues secondaires, on s'arrange de façon qu'elles commencent ou finissent à angle droit. Lorsque plus de deux rues s'entre-croisent au même point, le problème de la circulation devient plus compliqué. A Paris, à New-York, et dans un grand nombre de villes américaines, on a adopté le système préconisé par Mr William P. Eno et autres, d'une circulation giratoire ou circulaire aux croisements les plus importants et pour les places. Ce système fut mis en application pour la première fois à New-York, à Columbus Circus, où plusieurs rues importantes se croisent. Il est appliqué régulièrement à Paris, à la place de l'Etoile. Il consiste à diriger toutes les voitures qui abordent la place, tangentiellement au cercle qu'elles doivent suivre toujours dans le même sens pour s'éloigner de la place; elles abordent de même les rues tangentiellement.

Dans le système moderne de construction des villes en Allemagne, l'habitude a été prise de faire des croisements de rues aussi irréguliers et pittoresques que possible, surtout dans les capitales. Un coup d'œil sur les plans nouveaux de Cologne ou d'Essen suffit pour se rendre compte que l'on s'est attaché à créer artificiellement un plan pittoresque. Les nouveaux faubourgs-jardins anglais sont supérieurs à ce point de vue; on y tient compte à la fois des exigences de la circulation et de son développement éventuel, en même temps que, par d'autres moyens, on en assure la tranquillité et le charme.

Les faubourgs-jardins anglais ont créé

quelque chose de particulier, qu'on a appelé « courts » : ce sont des rues sans issue, en cul-de-sac au fond desquelles, généralement est pratiqué un square ou un rond-point, de façon à donner un espace suffisant pour l'aération et la circulation. Etant donné qu'une automobile moderne, ou un camion, ont besoin d'un espace d'au moins 18 mètres de diamètre pour tourner aisément, il s'ensuit que le square ou rond-point devra comporter un espace de 30 mètres entre les constructions.

Dans les places et squares plus grands, la réglementation de la circulation a une importance considérable, mais ce qui n'en a pas moins, c'est une disposition convenable des chaussées pour canaliser la circulation pendant la traversée de la place. Une grande confusion et de nombreux accidents seraient la conséquence de l'absence de réglementation de la circulation sur une grande place libre, comme la place de la Concorde à Paris, Trafalgar Square à Londres, Union Square ou Madison Square à New-York, ou Harvard Square à Cambridge (Massachusetts) ou Public Square à Cleveland (Ohio). C'est ainsi qu'à New-York, et dans d'autres villes d'Amérique, la police chargée de régler la circulation a été amenée à installer un grand nombre de piquets en fer reliés par des chaînes, pour marquer différents espaces de grandeur variable, et canaliser ainsi la circulation en courants réguliers.

Il serait à désirer que des places de ce genre, telle la place de la Concorde à Paris, pussent être organisées en vue d'un trafic facile et sûr.

Les mêmes principes sont applicables aux abords des ponts. Là encore, la préoccupation primordiale est celle de la réglementation de la circulation. Dans le cas d'un pont bas, comme ceux de Paris et la plupart de ceux de Londres et de Chicago, le problème est simple. Mais, dans le cas de ponts élevés, comme ceux de New-York, il est nécessaire de prévoir l'accès assez loin en avant du pont, en raison du grand nombre de voies de communication qui se concentrent à son entrée ; il s'agit donc de ménager un espace libre assez grand pour que la circulation s'y règle convenablement.

Pour parquer les automobiles et voitures en nombre, il faut, comme dans beaucoup de villes de l'Ouest, en Amérique, élargir la rue ou le croisement de rues, afin de ménager, au milieu ou sur les côtés, un espace de garage suffisant. C'est ce qui s'est fait à la Gare de Lyon, la Gare de l'Est ou la Gare Saint-Lazare, à Paris ou à « l'Union Station », à Washington (D. O.)

La création de grandes places pour les réunions de grandes foules ou pour des marchés, remonte à l'antiquité grecque et romaine, époque à laquelle l'*Agora* et le *Forum* tenaient une si grande place dans la vie publique. De nos jours, la place de la Concorde, la place de la République, à Paris, Hyde Park à Londres, Union Square à New-York, sont des lieux de rassemblement habituels pour des manifestations publiques.

Au point de vue des plans, la condition essentielle est de prévoir un grand espace, d'un seul tenant, libre de trafic, ou pouvant être interdit au trafic.

Pour les marchés, nous voyons un certain nombre de petites places ou de squares de Paris ou de Londres, servant, comme dans les villes moins importantes et les villages, aux marchés de toute sorte qui s'y tiennent une ou plusieurs fois par semaine. A New-York, en dehors des espaces libres autour des marchés de la ville, les marchés publics se tiennent surtout aux abords des ponts. Philadelphie a un marché à côté de « Reading Station », Washington en a un sur une grande place triangulaire, dans Pennsylvania Avenue. En général cependant, les marchés ne sont pas à beaucoup près, aussi nombreux en Amérique qu'en France, ni même qu'en Angleterre. La condition essentielle est d'avoir un espace libre, vaste, sans circulation, autant que possible planté d'arbres en rangées régulières. La place doit avoir un pavé uni et dur, permettant un nettoyage rapide (1).

En résumé, pour établir le plan des croisements de rues et des places publiques, on doit se préoccuper essentiellement de canaliser la circulation, de manière que la traversée de la place ou du croisement se fasse le plus régulièrement possible, et avec sécurité.

La disposition et les dimensions des places et des croisements ont une grande importance au point de vue esthétique, et seront traitées dans le chapitre de l'architecture.

(1) Les places publiques, considérées comme le siège ou l'accès des monuments publics, seront examinées dans un chapitre suivant, qui traitera des « Edifices et Monuments publics ».

IV

Surfaces bâties

Propriétés industrielles et d'affaires.

Le caractère, l'intensité et la direction du trafic dépendent largement du caractère et de la répartition des superficies bâties de l'agglomération, en y comprenant à la fois les immeubles publics et les immeubles particuliers.

La plupart des villes, petites et grandes, dépendent, pour leur progrès, du développement des affaires et de l'industrie dans la ville et ses alentours. Si la ville est organisée ou réorganisée, dans le sens du développement des affaires et de l'industrie, la commune et toute la région environnante en profiteront. Dans les villes d'Amérique, il y a une telle lutte économique que les villes trouvent avantage à s'établir scientifiquement. Sinon, les affaires et l'industrie les délaissent pour aller aux villes qui se préoccupent de les encourager.

Il est de bonne prévoyance et d'utilité économique d'élever des constructions amples, d'un seul tenant, à niveau, sur un sol bien sec, susceptibles d'être développées au besoin, accessibles par eau, par voie ferrée et par routes sur les points où la main-d'œuvre est facile à obtenir, et où le public avec lequel l'industrie et les affaires ont à traiter peut facilement accéder.

Pour les grandes fabriques et la manutention des articles lourds, farine, sucre, charbon, matériaux de construction, etc... les chantiers et les usines à force motrice, il faut rechercher une aire large et longue, d'un seul tenant, en bordure d'une voie ferrée ou d'une voie de navigation, et mieux encore des deux réunies, aire facilement accessible par un chemin de transport de niveau. Dans les plans pour le développement de New-York City, le long de Long Island Creek, le long du front d'eau de South Brooklyn, du Bronx, de Jamaica Bay, des lots d'une profondeur de 50 à 150 mètres sur 150 à 300 mètres de long ont été dessinés à cet effet. De même pour le port de Newark, le développement du rivage dans la partie sud de Philadelphie, et le développement du port oriental de Boston, ou encore pour les ports de Francfort, Dusseldorf, Manchester, Southampton, Marseille et de maintes autres villes.

Les fabriques d'articles légers, les magasins ordinaires et les bâtiments pour l'emmagasinage des marchandises fraîches, les magasins de gros et les vastes marchés, publics ou particuliers, seront desservis par chemin de fer directement, et quelquefois par eau. Dans tous les cas, ils doivent être facilement accessibles par bonnes routes de transport, et pas trop éloignés de la voie ferrée et des terminus de voies d'eau. Les constructions n'ont pas besoin d'être aussi grandes que pour la catégorie ci-dessus mentionnée, mais une surface de 60 mètres carrés est ce qui conviendra le mieux. Les magasins des services ont besoin d'un terrain au moins aussi vaste, mais ils n'ont pas besoin d'une voie ferrée ni d'un quai.

Les magasins généraux de détail, les magasins de vente de premier ordre, les bureaux d'affaires et professionnels doivent avoir une situation centrale, un accès facile, pour une importante clientèle, être parfaitement éclairés et aérés. Des terrains de 30 mètres, ou même 24m,45 de profondeur, conviennent parfaitement dans la plupart de ces cas; 6 mètres de large constituent un minimum même pour magasins les plus restreints.

Les industries qui degagent des fumées, des

vapeurs ou des gaz dangereux ou désagréables, les fabriques bruyantes, les usines à force motrice qui dégagent des émanations dangereuses, devront être placées sous le vent régnant habituellement, de manière à éviter leur action nuisible sur la ville.

En résumé, dans le projet d'un centre d'habitation, des pâtés de constructions profonds devront, pour la fabrication et l'emmagasinage des marchandises lourdes, être placés le long des voies navigables, avec un bon chemin de fer et une bonne route d'accès par voitures. Les constructions moins importantes, avec accès par chemin de fer, si possible, seront placées près des premières, mais en même temps plus accessibles au public et aux employés. Les magasins et bureaux n'auront pas plus de 30 mètres de profondeur, ni moins de 6 mètres de large, et seront situés sur les principales voies, notamment au centre de l'agglomération.

De l'habitation. Après l'organisation économique, le facteur le plus important pour le développement de la collectivité, c'est l'habitation.

L'habitation se présente sous toutes sortes d'aspects depuis la petite maison de famille isolée, jusqu'aux grands immeubles à loyer, y compris et les faubourgs-jardins et les beaux hôtels modernes. L'habitation a pris une place extrêmement importante dans les problèmes d'après-guerre; en Angleterre, en particulier, elle a fait l'objet d'un programme pour la reconstruction immédiate d'un demi-million de foyers. En Amérique, on estime qu'il faut sept cent mille nouveaux « homes » pour ouvriers.

Les conditions à remplir par une habitation confortable sont : sécurité, santé, agrément, commodité et économie de construction. Ces conditions exigent :

1) Lumière et ventilation dans toutes les pièces habitées, chambres à coucher, de travail et de loisir.

2) Sol sec, chaud et bien isolé, murs et plafonds de même, avec installations de chauffage suffisantes.

3) Canalisation sanitaire, y compris les W. C., facilités pour la toilette et les bains.

4) Protection des individus et de la famille contre les regards indiscrets.

5) Réalisation d'un « home » aussi confortable et attrayant que possible.

6) Limitation du nombre des locataires par pièce ou par appartement.

7) Dispositions sanitaires pour la manutention et la préparation de la nourriture.

8) Fourniture d'eau salubre dans chaque maison.

9) Egouts, enlèvement des ordures et des déchets.

10) Protection contre l'incendie et les accidents, moyens d'évacuation.

11) Orientation des rues, des pâtés de maisons et des espaces découverts, de manière à y faire entrer le plus possible les rayons du soleil.

12) Disposition des rues, des pâtés des maisons et des espaces découverts, de manière à assurer la circulation continue d'air frais sans poussière ni fumée.

13) Limitation de la hauteur des maisons et aussi de leurs dimensions, par rapport aux surfaces non bâties.

14) Isolement des industries dangereuses au triple point de vue de la sécurité, de la santé et de la morale.

15) Etablissement, aussi près que possible du « home », de lieux d'agrément sains et attrayants, où les enfants pourront jouer et où les adultes trouveront des récréations physiques et sociales.

16) Création de jardins particuliers, ou de jardins ouvriers dans la plus forte proportion possible.

17) Pour tout dire, établissement, non pas de purs abris, mais de « homes » réels, susceptibles de développer tout ce qu'il y a de meilleur dans la vie de famille.

L'habitation, à l'origine, consistait dans un lieu isolé pour chaque famille. C'est toujours resté la solution idéale, mais au fur et à mesure que les agglomérations se sont développées, on a dû construire d'abord des habitations pour deux familles, puis des habitations alignées entre des murs mitoyens et finalement des maisons à logements et appartements, dont certaines ont jusqu'à dix-huit étages de haut, à New-York.

Il est généralement admis que, pour la santé et le développement de l'enfant, la maison isolée, avec son jardin, est bien préférable à la maison à logements ou à appartements.

Dans son grand programme d'après-guerre, l'Angleterre s'est si bien convaincue de ce fait qu'elle est en train de remplacer les logements par des maisons pour familles isolées, dans la proportion de 30 par hectare, au maximum. Les cent millions de dollars que les Etats-Unis ont dépensés pour les ouvriers aux munitions ont été employés à la construction de maisons pour familles isolées. Le bureau des logements de la ville de Paris compte employer une grande partie des 80 hectares de terrain laissés libres par la démolition des fortifications de Paris, à construire des maisons pour familles isolées.

Dans le plan idéal d'une nouvelle ville, il faudrait s'arranger pour loger près du centre de l'agglomération, dans des appartements ou des logements, ceux qui insisteraient pour vivre près de ce centre. Autrement, le problème consisterait à loger les gens dans des maisons pour un ou deux ménages, ou des maisons alignées, sous cette seule réserve que, dans certaines rues fort actives, notamment auprès des gares de transport rapide, un petit espace serait réservé pour des appartements et logements dans des maisons à étages. On trouve à ce sujet de bons exemples dans les plans pour Canberra en Australie, Garden City à Letchworth, Gary (Indiana). etc...

Là où on exproprie des taudis ou d'autres terrains bâtis, comme à Paris, à Marseille, Limoges, en France, à Londres, Liverpool, Glasgow, en Angleterre et à New-York, à Boston ou à Washington et ailleurs, en Amérique, le problème consiste à loger une quantité de personnes égale à celle expropriée A Liverpool, cela a été réalisé d'une manière très ingénieuse, en construisant des maisons de trois ou quatre étages dans les principales rues, et des maisons pour un seul ménage, par rangées, le long des petites rues. Dans un grand nombre de grandes villes, on a essayé de résoudre le problème de l'habitation dans les parties congestionnées de la ville, là où le terrain vaut cher, en construisant des maisons modernes à étages. La fondation Rothschild, à Paris, en a construit, et on en a construit aussi de bonnes à Londres et à Liverpool. Nous en trouvons aussi de recommandables à New-York, pour Henry Phipps, et pour la *City and Suburban Homes C°* et encore à Boston, à Philadelphie, à Chicago, etc.

Dans un projet de ville, la maison à appartements devrait être limitée comme hauteur, de manière à ne pas dépasser une fois, ou, au plus, une fois et demie la largeur de la rue sur laquelle elle donne, en laissant un même espace ouvert entre les façades intérieures des maisons. La nouvelle loi sur les zones, à New-York, impose, dans tous les arrondissements extérieurs, de ne pas construire plus haut que la largeur de la rue. De plus, la hauteur des maisons sera en proportion de l'importance des pâtés de maisons, avec des cours et impasses de dimensions proportionnelles à la hauteur, de manière que la construction ne dépasse pas soixante-dix pour cent du terrain, et même si possible, cinquante pour cent. Autant que possible, ces maisons à étages seront placées dans des rues orientées du nord au sud, de manière que les rayons du soleil puissent pénétrer dans chaque pièce; on évitera la direction de l'est à l'ouest. Toutes choses étant égales d'ailleurs, elles devront être orientées de manière que les vents régnant d'ordinair , surtout la nuit, balayent les maisons plutôt que de balayer la rue.

Les maisons à étages devront, de préférence, être disposées de manière à ne pas dépasser deux pièces ou 12^{m},20 de profondeur. Entre les façades des rangées de maisons à étages, il devra y avoir une rue ou un chemin permettant aux voitures de les approcher; par derrière, il y aura un espace découvert fermé au public, qui pourra servir de jardin, de place de jeux, etc.; la profondeur de cet espace découvert dépendra en grande partie de la hauteur de la maison à étages, mais cet espace n'aura pas besoin d'avoir plus de 30 mètres de profondeur, et il pourra n'en avoir que 21^{m},30. Cela correspond à une profondeur de pâté de 42^{m},65 à 60 mètres. En ce qui concerne la longueur des pâtés de maisons, la *U. S. Housing Corporation* du Ministère du Travail recommande qu'aucun pâté de maisons n'ait moins de 121 mètres ni plus de 242 mètres de long. Les rues pourront être, dans les sections bâties, droites, courbes ou irrégulières. Dans tous les cas, il est désirable que les façades soient variées, de manière à produire un meilleur effet architectural.

L'essentiel du problème de l'habitation dans l'organisation d'une ville grande ou petite consiste à déterminer de nouvelles superficies ou lotissements dans les faubourgs. Nous avons déjà examiné, dans les chapitres relatifs à la circulation urbaine, le tracé des rues et les espaces découverts dans les lotissements, mais la forme et les dimensions des superficies occupées sont d'une importance presque égale. En France, on a l'habitude de faire des pâtés courts et très profonds. En Angleterre, dans les lotissements récents, chaque parcelle a au moins 7m,60 de front, et de préférence un minimum de 9m,15, avec une profondeur variant selon le coût du terrain et le caractère de l'habitation; mais le type ordinaire dans l'Angleterre actuelle consiste en lots qui ne dépassent pas 18m,28 de profondeur, avec un espace commun au centre du pâté, pour les récréations ou les jardins en commun. De cette façon, un pâté peut varier de 36m,50 à 91m,45 de profondeur. En Amérique, le lotissement des terrains se fait d'habitude par unités de 5 mètres ou 7m,60, en largeur, bien qu'on ait une tendance à se rapprocher de l'Angleterre. Les prescriptions types de la *U. S. Housing Corporation* exigent au moins 4m,80 et de préférence 6m,10 entre les maisons, pour les maisons isolées ou à demi séparées. Elles recommandent, devant la maison, un petit espace (set back) de 3 mètres ou mieux de 4m,55, et, enfin, au moins 7m,60 de libre par derrière. Si un garage est ménagé dans la cour, il doit être au moins à 4m,55 de la maison, sur l'alignement de derrière du pâté. Sans garage, les lots peuvent n'avoir que 24m,85 de profondeur, mais avec un garage ils peuvent difficilement avoir moins de 30 mètres. Même avec un jardin, un lot total d'une profondeur de plus de 39m,50 est rarement utilisé, en fait, dans une collectivité industrielle.

Pour ce qui est de la longueur du pâté, plus de 243m,85 de long pourraient nuire à la circulation ; mais, pour certains pâtés de maisons bourgeoises, où la topographie rend difficile l'application de cette règle, un sentier public à travers le pâté pourra suffire au trafic, ce qui permettra d'étendre le pâté jusqu'à 365 mètres de long. Il n'est pas économique de faire des pâtés inférieurs à 121m,90 de long.

On devra ouvrir des passages derrière les alignements de maisons, les magasins, etc., s'ils doivent être desservis par derrière, mais, ailleurs, on n'y aura recours que si la coutume locale l'exige. Ces passages seront des chemins publics, pavés sur une largeur de 2m,15 au moins, avec au moins 3m,65 entre les limites latérales, et 4m,85 partout où cela sera possible. Il est préférable, au point de vue du contrôle, que ces passages soient en ligne droite de rue à rue. Un bon exemple de ces passages existe dans les plans de nouveaux lotissements à Philadelphie, Baltimore et Washington.

Les lois sur l'habitation en Angleterre disposent qu'il n'y aura pas plus de trente familles par hectare, ce qui comprend les rues et espaces découverts, mais non les parcs et terrains de jeux. Les règlements de la *U. S. Housing Corporation* suivent les mêmes principes, mais ils admettent que, dans des cas spéciaux, lorsque la valeur des terrains est élevée, on puisse autoriser une densité plus élevée du chiffre d'occupants.

On peut voir d'excellents exemples de ce genre de lotissements dans les faubourgs-jardins de Hampstead, ou à Well Hall Estate, à Londres; à Draveil, dans la banlieue de Paris; à Forest Hill Gardens, à New York; à la Boston Dwellings C°, à Forest Hills, à Boston; à Roland Park, à Baltimore; au Shaker Heights Development, à Cleveland: à Fairfield, dans l'Alabama; au Country Club District, à Kansas City; à Ottawa Hills, à Toledo; et dans bien d'autres endroits.

Des exemples de villages industriels ou à jardins existent à Port Sunlight, à Bournville, à Gretna Green, et à East Riggs, en Angleterre; à Dourges, en France; et en Amérique, à Gary, Morgan Park (Minnesota); à Ojibway, près Détroit; à Argo (Illinois); à Beloit (Wisconsin); à Akron (Ohio) et à Bridgeport (Connecticut), et dans les quarante ou cinquante nouvelles agglomérations construites pour des ouvriers de la guerre, par la *U. S. Housing Corporation* et la *Emergency Fleet Corporation*.

En ce qui concerne les cités-jardins, on ne connaît qu'un seul bon exemple existant, celui de Letchworth, en Angleterre. C'est une agglomération coopérative, dont la population est limitée à trente mille âmes. C'est une collectivité entièrement indépendante, avec son industrie propre et ses affaires, entourée d'une large bande d'exploitations agricoles, et qui ne devra jamais servir qu'à protéger la collectivité contre la spéculation territoriale et des incursions dangereuses.

En résumé, pour l'extension des villes, il faut pourvoir au lotissement de terrains destinés à des maisons pour familles isolées, avec cours en façade et terrains amples par derrière pour servir de jardins. Si cela n'est pas possible, il faudra alors grouper deux ou trois familles, ou même recourir aux alignements de maisons. Enfin, s'il fallait construire des maisons à étages, celles-ci ne devront être admises qu'en tenant le plus grand compte de la sécurité, de la liberté, des convenances, de la pénétration des rayons du soleil, et de l'aération. Le nombre de familles par hectare serait strictement limité.

Lieux de récréation et de repos.

Dans les petits villages, on n'a pas besoin d'un endroit spécial pour servir de parcs et de lieux de récréation, parce

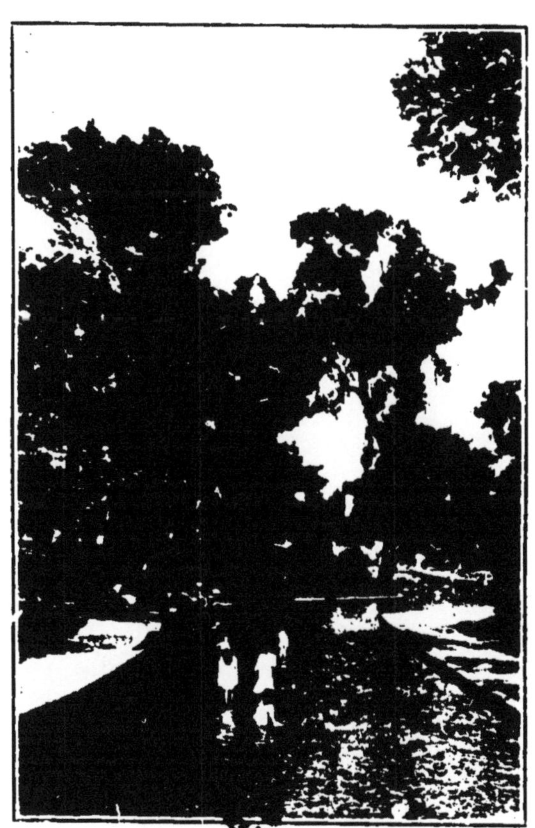

CHICAGO. — Terrain de Jeux.

qu'on se trouve partout en terrain découvert, où les enfants et adultes peuvent prendre leurs ébats, mais dès que l'agglomération renferme un millier d'âmes, le problème des lieux de récréation commence à se poser sérieusement.

Naturellement, dans toute agglomération, il y a deux sortes de récréations, la récréation commercialisée et la récréation à la portée du public. La récréation commercialisée se présente sous la forme de cafés, cinemas, salles de danse, théâtres, etc., et on la trouve même dans les plus petites villes. Ce genre de récréation fait lui-même ses affaires, et n'a que bien peu d'influence sur le plan d'une ville, sauf les grands théâtres et opéras, auxquels on accède beaucoup en automobiles, et qui demandent un vaste espace sur le devant ou sur les côtés pour le stationnement des voitures, ce qui amène à les placer, de préférence, sur une place publique ou une rue ou avenue assez large. De plus, ils tendent à se réunir dans le même quartier ou le long des mêmes rues, et comme ils demandent des lots de 30 mètres au moins de profondeur, il faut tenir compte de cette profondeur dans les projets.

Les grandes villes d'Europe et d'Amérique ont toutes attribué des superficies considérables aux parcs et lieux de récréation. L'étendue en est fort variable suivant les villes, mais la table suivante donnera une idée approximative de l'espace ainsi employé par tête d'habitant :

VILLES	PARCS		POPULATION	
	Superficie en acres	0/0 de la superficie totale	Par acre de la ville	Par acre de parc
District Métropolitain de Londres	15.991	4	16	456
New-York	7.738	4	28	689
Paris	5.014	26	148	553
Chicago	4.388	4	19	545
Berlin	1.034	7	133	2.014
Philadelphie	5.143	6	20	322
Saint-Louis	2.765	7	19	266
Boston	3.545	13	27	207
Marseille	210	3	87	2.563
Lyon	257	3	32	2.038
Washington	5.212	14	9	68
Boston (limites extérieures de la ville).	9.464			

La plupart des grandes villes ont au moins 4 0/0 de leur superficie en parcs. Les spécialistes sont d'accord pour convenir que cette proportion devrait atteindre 8 à 10 0/0 au minimum. La plupart des villes n'ont pas plus de 1.250 habitants par hectare de terrain planté. On considère que l'idéal serait de ne pas dépasser 250 habitants par hectare de parc.

Les parcs et lieux de récréation peuvent être partagés en plusieurs classes, comme suit : Terrains de jeux et petits parcs; champs de jeux, grands parcs et réservés ; on peut encore les classer ainsi : parcs dessinés, parcs aménagés et parcs non entretenus. Il existe de plus des variétés particulières d'espaces découverts, telles que : parcs donnant sur l'eau, cours d'écoles et jardins, stades, théâtres en plein air, jardins zoologiques, voies plantées et cimetières.

Les parcs et terrains de jeux sont nécessaires à la récréation et au plaisir, de même qu'à la santé. En 1914, deux mille quatre cent deux terrains de jeux avec jeux organisés existaient dans trois cent quarante-deux villes des États-Unis et du Canada, sur un total de mille cinquante villes de plus de cinq mille habitants. Cet énorme mouvement de jeux en plein air s'est développé en Amérique, parce qu'on est arrivé à comprendre, en général, que cela n'est pas seulement bon au point de vue du corps et de l'esprit, mais encore au point de vue moral. Il est hors de doute que le crime a bien diminué dans les parties de Chicago où il existe des terrains de jeux et autres parcs.

Les enfants trop jeunes pour fréquenter l'école ne peuvent guère aller plus loin que 200 ou 400 mètres pour rejoindre leur lieu de divertissement. Et au point de vue de la sécurité et de la surveillance, il est toujours préférable que les terrains de jeux soient disposés autant que possible à l'intérieur des pâtés de maisons, en retirant, au besoin, un peu de terrain derrière les jardins, mais surtout en augmentant la profondeur du pâté de maisons. Les faubourgs-jardins anglais sont remarquables pour leurs terrains de jeux intérieurs. Il est très désirable qu'ils aient une superficie de 40 ares au moins (la *U. S. Housing Corporation* fixe le minimum à 27 ares), et il devrait y avoir un droit de passage public allant de ces terrains de jeux intérieurs à la rue, et suffisamment large pour admettre une voiture.

Pour les enfants en âge d'aller à l'école, l'endroit le plus avantageux pour les jeux doit être en relation directe avec l'école; en partie parce que l'exercice physique peut ainsi alterner avec le travail de l'école, et, en partie, parce que l'utilisation des moyens de propreté et des bains de l'école épargne la dépense d'installation d'un double service et les frais d'entretien de cette double installation. Les petits enfants devront avoir au moins 60 ares de terrain, ou même 70. Les enfants des écoles supérieures en auront au moins 80. Une combinaison de terrains de jeux ne devra pas avoir moins de 80 ares. Les garçons ont généralement besoin de deux fois autant de terrain que les filles, de sorte que la partie réservée aux premiers devra être environ les deux tiers de l'ensemble. S'il n'y a qu'une école par 1.600 mètres carrés, il sera bon d'avoir trois autres terrains de jeux séparés dans le même espace. Ces terrains de jeux seront distribués au milieu des villes de manière qu'aucun enfant n'ait à parcourir plus de 500 mètres pour aller jouer. En s'y prenant bien, on calcule que sept cents à mille enfants peuvent jouer suffisamment sur un terrain de 60 à 80 ares.

Le système le plus remarquable de terrains de jeux en Amérique se trouve certainement à Chicago (Illinois), où des centres de réunion spacieux et des maisons de récréation pour hommes et femmes, garçons et filles se trouvent dans chaque parc. On trouve aussi sur ces terrains de jeux des piscines et des bains pour se baigner en plein air.

Outre ces terrains de jeux, il serait bien à désirer d'avoir des champs de jeux suffisamment grands pour y jouer à la paume, au tennis et même au foot-ball, jeux qui demandent un espace minimum de $2^{ha},40$ à $2^{ha},80$ et de préférence de 4 hectares à $5^{ha},60$ si possible. Les champs de jeux seront toujours établis sur des terrains aussi plats que possible. Ils seront répartis de telle manière que personne n'ait à parcourir plus de 1.600 mètres pour y accéder. Les champs, comme les terrains de jeux, seront d'un accès facile, et de surveillance aisée. Dans le fameux système de Gary (Indiana), les cours d'écoles contiennent de 6 à 8 hectares, dont au moins trois sont pris par les champs de jeux. Les meilleurs terrains de jeux et champs de jeux américains sont tracés avec beaucoup de soin, de manière que le terrain soit entièrement utilisé. En même temps, un certain espace est planté en arbres, arbustes, avec gazons et parterres, parce qu'il est reconnu qu'une disposition attrayante ajoute beaucoup au plaisir d'un terrain de jeu, et exerce même un effet moral supérieur.

Lorsque nous abordons la question des parcs, nous voyons que le principe qui régit leur emplacement et leur tracé est bien différent. D'après le type minimum de la *U. S. Housing Corporation*, leur superficie devra être au moins de 8 0/0 de la superficie totale du terrain occupé par la ville. Ils devront utiliser, pour leur emplacement et leurs conditions topographiques, les rives de cours d'eaux et tous autres terrains n'offrant pas un meilleur usage pour d'autres buts, tels que les lieux escarpés et les terrains accidentés. Ils seront disposés en général de manière à ne pas laisser plus de 20 hectares de terrains d'habitation compacts, sans un parc, grand ou petit. Il y a autour de toutes les villes, des terrains incultes de ce genre qui sont bon marché aujourd'hui, et qui pourront être très cher demain, lorsque la ville se sera étendue. Une ville a souvent intérêt à acheter du terrain lorsqu'il est encore bon marché, et même à le conserver sans l'aménager pendant le temps nécessaire, en attendant qu'il puisse servir à créer des terrains de récréation.

Les parcs donnant sur l'eau sont surtout à rechercher, parce qu'une fois utilisés pour des buts particuliers, ils sont perdus pour le public. Les parcs de ce genre de Paris, Londres et Budapest sont bien connus. En Amérique, les promenades sur les bords du fleuve à New-York et à Harrisburg (Pennsylvanie); les quais du Charles à Boston, et le long du lac Michigan à Chicago, les promenades de la Nouvelle-Orléans et de Détroit, méritent une mention spéciale. Elles sont en général relativement étroites, parfois pas sensiblement plus larges que les allées-promenades.

Lorsque nous en venons aux parcs de grandes dimensions, nous trouvons, d'une part, des parcs complètement dessinés, qui demandent un grand entretien, comme les Tuileries, à Paris, ou les Public Gardens de Boston. La plupart des parcs des États-Unis, sont, au contraire, irréguliers et d'un caractère pittoresque, comme, par exemple, le Jamaica Park à Boston, le Central Park à New-York, le Prospect Park à Brooklyn, le Swope Park à Kansas City, le Fairmont à Philadelphie, le Jackson Park à Chicago; de même, le Hyde Park à Londres, le bois de Boulogne à Paris, le Thier

Garden à Berlin, le Prater à Vienne, etc... Contrairement au principe admis en Europe, et surtout en France, les parcs d'Amérique renferment très peu de bâtiments; par-ci par-là, une hutte pour les bateaux, ou une maison de thé, quelques statues, mais par contre, un arrangement soigneusement étudié des choses de la nature, de manière à donner une idée de repos, rompu ça et là, par d'intéressants contrastes. Le dessin des parcs fait partie de l'architecture paysagiste, et c'est une profession complète par elle-même.

Les jardins zoologiques devront être rares, car ils sont affreux, s'ils ne sont pas très bien faits. Malheureusement, bien des villes américaines, qui en ont installé, ne sont pas à même de les soigner comme il le faudrait. Ils demandent un terrain élevé et sec, dans un endroit chaud, et bien protégé. Les meilleurs jardins de ce genre, en Amérique, sont ceux de Bronx Park (État de New-York), celui de Fairmont Park, à Philadelphie, et celui de Dallas (Texas).

Les villes doivent songer, non seulement à l'avenir immédiat, mais à l'avenir même assez éloigné. Dans presque toutes les villes, il y a des endroits qui pourraient être réservés à un emploi éventuel. Pour le moment, on peut les utiliser comme parcs non cultivés, ou réserves non travaillées, où le public peut jouir des agréments de la campagne à l'état de nature.

Boston en possède plusieurs, notamment les Blue Hills Reservation, Middlesex Falls et Mount Wachusett Reservation; New-York a son remarquable Palisade Interspace Park, de plus de 7.200 hectares. Ils sont devenus des endroits populaires, et ils se développeront avec le temps. Tous sont restés dans un état absolument sauvage, sauf l'aménagement de certaines routes ou de certains chemins, et de quelques maisons rustiques pour abriter des bateaux, et des emplacements pour le *camping*.

Le système de parcs métropolitain de Boston couvre un rayon de 48 kilomètres autour de Boston, comprenant plusieurs comtés. Ce système de parcs métropolitain est entretenu en partie par l'État, et en partie par la Ville. Dans le comté d'Hudson et le comté d'Essex (État de New-Jersey), on a créé un système de parcs de comté. A New-York, le parc-promenade de Bronx River est payé en partie par la ville de New-York, et en partie par le comté de Westchester. A Chicago, Kansas City, Saint-Louis, Philadelphie, San Francisco et dans de nombreuses autres villes américaines, on a installé des systèmes de parcs, qui s'étendent souvent en dehors des limites de la ville. Le charme de ces systèmes, c'est que chacun peut se rendre à pied ou en voiture d'un parc à l'autre, le long d'une belle allée-promenade ayant partout de deux cents à mille pieds (60m à 300m) de large, et qui possède en soi la plupart des charmes d'un parc. Paris est en train de créer un système de ce genre, avec des allées-promenades, qui remplaceront bientôt les fortifications.

L'Amérique a maintenant un certain nombre de parcs d'États et de parcs Nationaux; par exemple : Yosemite Park, Yellowstone Park, et Grand Canyon, qui sont des plus intéressants. Au Canada, le Strathcone Park, dans l'île de Vancouver, d'une étendue de 1.428kmq, et Mount Banier Park, sont absolument remarquables.

En dehors des terrains de jeux et des parcs, nous devons parler aussi des cimetières, qui occupent des espaces si considérables dans les villes d'Amérique. En France, les cimetières forment un ensemble compact, où les tombes sont étroitement rapprochées. Au contraire, les cimetières d'Amérique sont généralement à tombes disséminées, avec un caractère de jardin. Quelques-uns, comme le cimetière de Mount Vernon, à Cambridge (Massachusetts), ont toute la beauté d'un parc pittoresque. Cependant, dans ce pays, la tendance est, de plus en plus, d'avoir recours à la crémation, ce qui tendrait à réduire le mal occasionné par les cimetières, qui souvent rendent impossible pour d'autres usages une importante superficie dans leur voisinage. Les cimetières doivent être placés sur des terrains élevés, secs, qui, autrement, conviendraient parfaitement à l'habitation. Par suite de leur fâcheuse influence sur les environs, la tendance est, à New-York et dans d'autres villes, à les grouper ensemble autant que possible.

Les jardins d'enfants deviennent de plus en plus populaires en Amérique, de même que les jardins communs dans les faubourgs-jardins en Angleterre, et les jardins ouvriers dans tant de villes de France. Dans maintes villes d'Amérique, depuis longtemps on a réservé, auprès des écoles, dans les districts suburbains, un certain nombre de jardins de 3 à 7m²,50 pour les élèves. Le principe anglais de jardins lotis, au centre d'un pâté de maisons, jardins que chacun des propriétaires environnants peut louer, s'il veut cultiver un certain espace de terrain en outre de sa cour particulière, mérite d'être essayé dans les faubourgs-jardins ou les villages.

Les stades et théâtres en plein air sont devenus très populaires depuis longtemps en Amérique. L'armée américaine a construit un stade près de Paris, à Joinville. Ces stades sont utilisés par des professionnels ou des collèges, pour les jeux de paume, base-ball et foot-ball, et quelques-uns, comme ceux de Harvard ou de Yale, contiennent de trente à quarante mille personnes. Les parcs américains pour le base-ball, qu'on trouve un peu partout répandus, demandent des stands de plus en plus grands. On construit de plus en plus en Amérique des théâtres en plein air, inspirés des anciens théâtres romains ou grecs : le plus connu est celui de l'Université de Californie.

Le principal développement des foyers civiques a été en Angleterre, en relation avec les faubourgs-jardins, et les villages-jardins. En Amérique, les maisons de campagne, dans les parcs et sur les terrains de jeux, commencent à servir de centres de vie commune locale, d'une manière analogue. Cependant, le développement des foyers civiques en Amérique s'est surtout servi, comme lieux de réunion, des écoles publiques pendant les heures de non présence des élèves. Cela donne un double et triple usage aux installations de récréation que les locaux d'écoles peuvent fournir.

En résumé, les terrains de jeux, foyers civiques, allées-jardins, champs de jeux, jardins à lotissement, cimetières et écoles, seront l'objet d'un examen des plus sérieux dans les projets d'extension ou aménagement. On devra chercher à estimer le chiffre de la population résidant dans chaque partie de l'agglomération, pour lui réserver l'espace suffisant ; c'est là un des côtés essentiels de l'établissement d'un plan.

Bâtiments publics et demi-publics.

Les bâtiments publics ou demi-publics, centraux ou succursales, comprennent : les bâtiments fédéraux, ceux des États et des Communes, et les bâtiments utilisés par le public, mais qui appartiennent à un groupe ou à une société. Ils embrassent les bâtiments servant à des buts administratifs, législatifs, judiciaires, de protection, de châtiment, de traitement curatif, d'éducation ou religieux, les arsenaux, les marchés et les expositions.

Le plan de ville ménagera à ces constructions publiques et demi-publiques un accès commode, et les disposera les unes par rapport aux autres de manière que leurs fonctions relatives puissent coopérer facilement. Comme l'administration doit être représentée aux yeux du public par des constructions d'un aspect noble et monumental, il y a lieu de les étudier soigneusement, non seulement au point de vue de l'efficacité de leur usage et de l'expression de la fonction, mais encore à celui de la belle apparence. Au point de vue artistique, l'effet d'ensemble des groupements de constructions publiques est bien supérieur à la somme des effets individuels de bâtiments traités isolément. Il y a donc tout à gagner à grouper les constructions publiques en question, non seulement au point de vue de leur utilité particulière, mais encore au point de vue de leur mérite et de leur beauté.

Il est fort avantageux de grouper les principaux bâtiments municipaux dans un centre spécial, et si la ville est assez grande, de créer des centres municipaux moins importants dans divers quartiers. Cleveland, Denver, et tant d'autres villes américaines, sont en train de créer rapidement de tels centres. Ils consistent en un espace découvert important, presque au centre de la ville, vers lequel les lignes de trafic rayonnent, et où les avenues se terminent. L'hôtel de ville, le tribunal, le bureau de poste, la bibliothèque, et parfois les bâtiments fédéraux ou ceux de l'Etat sont régulièrement groupés. L'emplacement admirable du Capitole de l'Etat de Wisconsin, ou celui de la Maison de l'Etat de Boston, au sommet des collines, sont particulièrement frappant.

Les bâtiments des écoles peuvent être réunis en d'autres groupes, comme par exemple le groupe d'éducation sur les hauteurs de Colombia, à New-York. Les bâtiments de ce genre doivent être de facile accès aux étudiants qui les fréquentent. La même règle s'applique aux églises et aux autres bâtiments religieux. Les hôpitaux et autres établissements sanitaires, sauf sous le rapport de l'accès, sont placés au mieux le plus loin possible du centre de la ville.

Les expositions doivent se trouver sur des voies largement ouvertes, loin du centre de la ville, mais dans un endroit de facile accès. Un des meilleurs exemples de ce genre, c'est le groupe de la foire d'agriculture situé en pleine campagne, à mi-chemin entre Saint-Paul et Minneapolis, et facilement accessible de l'un et de l'autre côté.

En résumé, les constructions publiques et demi-publiques demandent des terrains suffisamment grands, de forme régulière, et toutes choses égales d'ailleurs, aussi carrés que possible. Ils sont bien situés à l'extrémité d'une allée, en bordure de places ou de parcs, ou sur le rivage d'un cours d'eau. Le sommet d'une colline visible de toutes parts est un endroit particulièrement désigné pour une construction publique ou un monument. D'autre part, les écoles et hôpitaux devront être, étant donné leur usage, dans des rues retirées.

V

Architecture

L'art de la rue. C'est la première impression qui importe, quand on entre dans une ville nouvelle. Si les rues sont attrayantes, si les bâtiments sont d'une belle silhouette, si tout est propre et ordonné, instinctivement on aime la ville et l'on désire la connaître davantage. Par contre, si tout y est sale et mal tenu, si les bâtiments sont en désordre, si l'aspect des rues est informe, on constate qu'il faudra longtemps pour effacer cette première impression mauvaise.

Il est facile, en édifiant une ville, de lui donner un bel aspect, en même temps qu'on la rend sûre, saine et commode. Il suffit d'avoir du goût et un certain sens de l'harmonie des choses pour saisir toute la différence qui existe entre une agglomération sans aucun caractère et telle autre dont le charme en fixera le souvenir dans votre esprit.

L'art de la rue est l'élément qui contribue le plus à rendre une ville attrayante. Si les rues ne sont que des voies de circulation efficaces, la ville sera privée d'un moyen de charme.

Les éléments suivants rentrent dans la constitution d'une rue : le recul des bâtiments, leur hauteur, leur caractère et leur silhouette ; la détermination des perspectives; les trottoirs et les bordures, la plantation des arbres, les enseignes, les fils aériens, les poteaux téléphoniques, d'éclairage et les trolleys; les plaques indicatrices de noms de rues ; les boîtes aux lettres ; les avertisseurs d'incendie et postes d'appel à la police ; les conduites d'eau, les bouches d'incendie, les fontaines, les abreuvoirs, les kiosques, les entrées de souterrains et de lavatories.

Les villes américaines, en particulier, dans leur hâte de construction, sont amenées à employer les matériaux les moins chers et les plus commodes ; cela aboutit, en général, à donner à la rue un aspect misérable. Il est possible, sans grandes dépenses supplémentaires, d'ajouter l'attrait à l'utilité de toutes ces choses ; on en a la preuve dans la plupart des villes européennes. Sauf en ce qui concerne les rues industrielles et commerciales, comme aussi les rues larges, il est non seulement possible, mais encore désirable d'étudier la silhouette des immeubles, pour la rendre aussi intéressante et variée que possible, et conserver en même temps l'harmonie générale de la perspective de la rue. Dans la plupart des lotissements, en Amérique, comme dans la plupart des banlieues-jardins en Angleterre, les immeubles sont bâtis en retrait à distance qui varie selon la valeur du terrain dans les divers quartiers. Ces derniers temps, en Angleterre comme en Allemagne, on a pris l'habitude, en établissant les plans, de varier le recul des maisons, pour diversifier l'aspect de la rue. On peut trouver de bons exemples de ce genre dans quelques-uns des faubourgs ou des villages ci-dessus cités en Amérique.

Une autre manière de contribuer au dessin de la rue, tout en gagnant de l'espace pour la circulation, c'est d'établir les trottoirs en arcades sous les maisons. La rue de Rivoli à Paris en est un exemple, ainsi que les vieilles arcades à Arras (France), à Chester, en Angleterre, à Forest Hills Gardens, à New-York ; on peut s'y rendre compte du charme que procure le jeu de la lumière et de l'ombre sous des arcades.

Des rues faisant suite à des rues et s'entrecroisant, sans rien pour limiter l'horizon, comme nous en voyons constamment en Amérique ou comme à Vitry-le-François, en France, sont bien monotones. Au contraire, les avenues de Paris, avec un élément d'intérêt à leur extrémité, qui arrête l'œil et intéresse, toutes les plaisantes sinuosités d'une rue, comme la rue Saint-Honoré, à Paris, ou Washington Street à Boston, ou High Street à Oxford, qui vous invitent sans cesse à chercher au delà du coude, ou bien encore la belle courbe entraînante de Regent Street, à Londres, montrent combien il est désirable de s'écarter ci et là de la régularité d'une ennuyeuse monotonie.

Si nous en venons aux détails de la rue elle-même, un pavé propre et uni, des ruisseaux réguliers et propres, des trottoirs soigneusement tracés et établis, contribuent beaucoup à la belle mise en scène. Les bouches d'égout, bien construites, doivent se trouver près des croisements de rues, mais en retrait.

Les bandes de gazon, avec ou sans arbustes ou corbeilles de fleurs, ne doivent pas être trop étroites, sans quoi elles perdraient de leur effet et seraient trop difficiles à entretenir; une largeur d'un mètre est un minimum, sauf des cas exceptionnels. Les gazons, au milieu des rues, ou entre les lignes de tramways, doivent avoir au moins 6 mètres de large, si possible. Il est préférable de concentrer en quelques points déterminés les fleurs et les arbustes, car s'ils sont disséminés irrégulièrement ils donnent une impression de désordre.

Les arbres devront être petits et de forme plus ou moins régulière ou grands et pittoresques. Ils peuvent être disposés de façon irrégu-

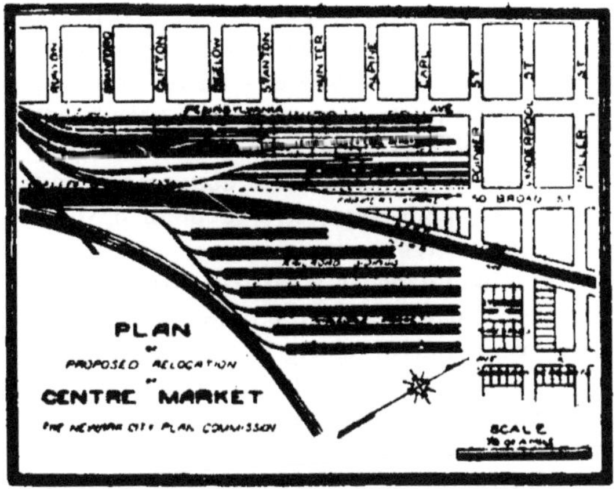

NEWARK.
Projet pour un marché municipal de gros.

lière pour produire un effet pittoresque, comme nous le voyons souvent, depuis quelque temps, dans les faubourgs de construction récente, en Angleterre et en Allemagne; ou bien, ils peuvent être plantés régulièrement, comme en France et en Amérique. Il n'y a pas pour cela de règle, tout dépend de l'effet recherché par l'artiste. Les petits arbres, comme les érables de Norvège, tant employés en Amérique, ou les marronniers, si répandus à Paris, peuvent être placés à intervalles de 7m,50 ou même de 6 mètres; mais, les arbres de dimensions plus grandes, comme les ormes ou les frênes d'Amérique, devront être placés à 10m,50 et même 12 mètres les uns des autres. Dans quelques banlieues en Amérique, ces grands arbres ont été plantés à des intervalles de 6 à 7 mètres, avec l'intention d'en couper la moitié plus tard, pour permettre le plein développement des autres.

Sauf dans les voies très larges, la plantation des arbres au milieu de la chaussée gâte la perspective; faisons une exception pour Oxford Street, à Rochester (N.-Y.), où il y a une magnifique rangée de magnolias en fleurs au milieu de la rue. Le long des rues très étroites, les arbres peuvent être plantés de chaque côté de la chaussée, en diagonale. Les hommes d'affaires américains considèrent les arbres comme une plaie, dans une rue d'affaires, telle que la 5e Avenue à New-York. Cependant, à Paris, les boulevards ont presque exactement la même largeur, et sont bordés d'arbres, dont chacun a le pied entouré d'une large grille pour permettre à l'eau de pénétrer jusqu'aux racines.

Les fils aériens et trolleys, poteaux téléphoniques et d'éclairage sont une gêne dans n'importe quelle rue ; ils sont pour le moins désagréables à l'œil. Dans la plupart des grandes villes européennes, les fils ont été enterrés ; lorsqu'il y a des ruelles en arrière des maisons, les fils suivront ces ruelles plutôt que les rues elles-mêmes. Ces ruelles existent dans beaucoup des villes du Sud ou de l Ouest moyen en Amérique. Les candélabres pour l'éclairage des rues sont devenus d'un modèle de plus en plus intéressant dans les villes d'Europe et d'Amérique. Ils sont, en général, en fonte, ave · une large base massive s'amincissant rapidement jusqu'à une colonne ornementale légère ; dernièrement, beaucoup de villes en Amérique ont adopté des supports en béton, quelquefois avec des motifs en mosaïque, souvent avec des bandes ornementales en métal ; l'usage s'en est de plus en plus répandu.

Les boîtes à lettres, les postes d'appel à la police ou aux pompiers, les bouches d'incendie, les abreuvoirs, les fontaines voient leur dessin s'améliorer tous les jours. Leurs emplacements respectifs doivent être étudiés avec soin pour ne pas gêner la circulation des piétons ni les gens descendant d'automobile. Les kiosques à journaux ou autres, comme ceux que l'on voit sur les boulevards à Paris, sont à peu près inconnus en Amérique, mais ont un avantage sérieux quand il sont établis sur de larges trottoirs. Le modèle le plus répandu a 1 mètre à 1m,50 de diamètre, et pas plus de 3 mètres à 3m,65 de hauteur; beaucoup sont utilisés pour l'apposition d'affiches théâtrales, de façon à éviter d'avoir à installer de grandes enseignes pour les annonces de ce genre.

Le caractère des entrées de souterrains et de lavatories varie beaucoup avec l'individualité de celui qui les a dessinées. A Boston, les entrées les plus anciennes de souterrains ont l'aspect de petits temples grecs.

Les plaques indicatrices de noms de rues deviennent de plus en plus grandes, et plus lisibles, avec l'augmentation de la circulation rapide automobile. Dans la plupart des villes d'Amérique, les plaques indicatrices de noms de rues sont en émail bleu foncé, avec lettres blanches, placés aux angles des immeubles, à une hauteur qui n'est pas inférieure à 3 mètres, ni supérieure à 6 mètres; cependant, dans les faubourgs, lorsqu'il n'y a pas d'immeubles aux coins d'une rue, la plaque indicatrice devra être installée sur un poteau, ou sur le poteau portant les fils de lumière électrique ; dans ce cas, le nom de la rue devra être placé par rapport à la lumière, de telle manière qu'il puisse être lu facilement pendant la nuit.

L'emploi exagéré d'enseignes de publicité est un des caractères les moins plaisants des villes américaines. Ce n'est que tout récemment que les villes américaines ont tenté de supprimer ces enseignes, à vrai dire avec peu de succès. La ville de Saint-Louis, qui a restreint les dimensions des enseignes à une hauteur de 3 mètres, est à la tête du mouvement. L'installation d'enseignes et d'enseignes lumineuses électriques sur les toits des immeubles, dans les villes américaines, nuit grandement au bel effet architectural de ces immeubles. Heureusement, une loi récente, à New-York, limitant leur hauteur, mettra un frein à l'exagération de ces installations. Les rues de Paris, comme aussi de la plupart des grandes villes européennes, procurent un véritable soulagement, après la débauche d'annonces et enseignes lumineuses des rues des villes américaines.

L'art de la rue peut avoir sa personnalité. Non seulement les rues doivent différer les unes des autres, de façon à rompre une monotonie standardisée, mais les rues doivent avoir un caractère différent d'une province à une autre. Elles doivent révéler leur caractère, leur art original. La plupart des régions ont un style local traditionnel : style colonial, dans la Nouvelle-Angleterre, colonial hollandais, New-York et New-Jersey, espagnol dans la Californie méridionale, flamand dans le nord de la France, alsacien sur les rives du Rhin, etc..., variant constamment d'une région à une autre en Europe et en Amérique. L'aménagement des rues, des immeubles, le long de ces rues, des édifices publics, pourrait s'inspirer souvent avec fruit de l'art régional.

D'une façon générale, l'art de la rue consiste simplement à appliquer le bon goût dans le tracé de la perspective d'une rue, de la même façon que dans le tracé d'un bâtiment particulier. Aucune ville ne peut se risquer à ne pas en tenir compte.

Edifices et Monuments publics.

En Amérique, comme dans la plupart des pays, l'intérêt général pour l'urbanisme est sorti de l'intérêt pour l'art civique. Bien des gens aujourd'hui, en Amérique, aussi bien qu'en Europe, ne voient dans l'urbanisme que la bonne apparence et l'emplacement des bâtiments et monuments publics. Ce mouvement d'opinion a été déterminé par la Foire mondiale de Chicago, en 1903. Ce groupe glorieux de constructions monumentales a produit une impression frappante sur un grand nombre de visiteurs, qui s'en sont retournés chez eux pris du désir de faire quelque chose de semblable dans leur propre ville. Comme conséquence, le plan de Washington (D. C.) a été repris, et la ville a été sauvée de la négligence effroyable dans laquelle son plan était tombé.

Cleveland (Ohio) a dressé un grand plan de centre municipal, qui a été réalisé depuis; Columbus (Ohio), Denver, Chicago, Baltimore, San Francisco, Springfield (Massachusetts), et nombre d'autres villes ont établi aussi des plans, qui ont tous été, depuis, plus ou moins réalisés. Paris ajoute constamment à sa remarquable collection de constructions publiques très bien situées. De fait, toutes les villes d'Europe voient leurs constructions publiques caractérisées à la fois par leur valeur individuelle et leur situation.

Les deux grands problèmes d'art public résident dans l'architecture du bâtiment et celle de son milieu. Les constructions publiques, qu'elles soient destinées à l'administration de la ville, ou à recevoir des foules, comme par exemple les églises, ou à servir d'entrées aux ponts ou tunnels, ou de monuments commémoratifs ou autres, doivent avoir un caractère de dignité et un style architectural tels que les habitants puissent les regarder avec fierté, et qu'ils sentent qu'elles représentent convenablement la dignité et l'honneur de la ville.

Les hôtels de ville d'Europe sont toujours d'un style noble, même dans les plus petites communes ; presque toujours, ils sont plus impressionnants que les bâtiments qui les entourent. Mais malheureusement, il n'en est pas ainsi dans bien des villes américaines. Là où il existe un style d'architecture original accusé, il est désirable que l'hôtel de ville le rappelle. Mais, d'habitude, les bâtiments publics suivent le style du moment, et c'est ainsi qu'à côté du charmant hôtel de ville de New-York, nous avons l'hôtel des Postes fédéral, d'un caractère des plus froids, construit soixante-quinze ans plus tard, dans le style grandiose de l'époque. Lorsque cet hôtel des Postes et le tribunal auront disparu, l'hôtel de ville de New-York, ce joyau d'architecture, aura une situation découverte superbe, à l'inverse de ceux de Chicago, de Philadelphie, ou de Boston, qui sont entièrement entourés de maisons. En France, la plupart des hôtels de ville donnent sur une place publique, près du centre de la ville.

En fait de beaux entourages de bâtiments publics, à côté des nombreux exemples de Paris, il y a la Ringstrasse de Vienne, Trafalgar Square à Londres, la place du Capitole à Washington, et des groupes moins importants tels que l'hôtel de ville de Springfield (Massachusetts), la Columbia University, l'Université de Californie, l'Union Station de Washington, la Prince's Gate à Edimbourg (Ecosse), le Capitole de l'Etat de Wisconsin, et le Lincoln Memorial (monument à Lincoln) à Washington. Chacun de ces groupes a une approche imposante, ce qui ajoute grandement à l'impression du groupe lui-même.

Les abords des ponts, les accès des villes, par routes ou par eau et, d'une manière générale, les quais devront avoir un caractère monumental ; les abords des ponts de Manhattan et de Williamsburg, à New-York, ou du pont sur le Charles à Boston, ou du pont Alexandre III à Paris, montrent ce qu'on peut faire dans ce genre. Quant aux portes des villes, les anciennes villes d'Europe, qui étaient généralement entourées de fortifications, ont conservé souvent leurs portes les plus monumentales, même après la destruction des fortifications; exemple : la porte Saint-Martin et la porte Saint-Denis, à Paris, et les belles portes de Nancy et de Lille. Pour ce qui est des villes d'Amérique, il n'y existe pas, en fait, de portes monumentales, bien que l'arc de Brooklyn, à l'entrée du parc, et la porte de Minneapolis puissent, jusqu'à un certain point, en tenir lieu.

Les véritables portes des villes, en Amérique en particulier, sont les terminus des chemins de fer, et la tendance dans les derniers temps, a été de les faire encore plus monumentaux et plus dignes d'admiration. Non seulement les grandes gares de New-York, Washington, Boston, Chicago, Kansas City, etc, ont reçu un caractère plus noble, mais l'on a étudié bon nombre de petites gares le long du Boston et Albany, près Boston, le long du Long Island Railroad et du Lackawanna Railroad, près New-York, et aussi du Pennsylvania Railroad, à l'ouest de Philadelphie, de manière à en faire des entrées de villes d'une certaine valeur.

En fait d'accès par eau, Chicago a déjà une grande entrée par eau sur le lac Michigan. La ville de New-York a étudié, de son côté, une entrée de ce genre sur l'Hudson, près de Columbia University, et Cleveland s'occupe également d'un accès par eau sur le lac Erié.

La plupart des monuments commémoratifs sont mauvais en Amérique, surtout ce qui a été fait après la guerre de sécession. Plus récemment, cependant, l'arc de Washington à New-York, le Shaw Memorial à Boston, et le Lincoln Memorial à Washington, se rapprochent mieux des fameux monuments commémoratifs et arcs de Paris, et des autres villes de l'Europe. La principale considération, c'est la noblesse et la permanence, avec une situation qui donnera au monument un certain recul et isolement. Le style d'architecture employé dans l'art monumental est entièrement une question de goût, qu'il soit classique, gothique, renaissance ou moderne, du moment qu'c[illegible] y trouve la calme dignité qui donne une impression de repos.

On peut en dire autant des statues, fontaines, exèdres, colonnes ou obélisques, etc. ; les soubassements et l'entourage correspondront avec la sculpture, en ce sens que l'ensemble devra être harmonieux. Et on prendra le plus grand soin de choisir le site, et de disposer l'entourage dans chaque cas.

Les cimetières devront être l'objet de plus d'étude. La plupart de ceux d'Europe et d'Amérique sont remarquables par leur laideur. Le Campo Santo de Florence, et celui de Pise, ainsi que quelques autres en Italie, font un contraste frappant avec la plupart d'entre eux. Le paisible petit cimetière anglais autour de l'église est peut-être l'idéal; il est sans aucune prétention, et les monuments simples se perdent dans le paysage environnant. Quelques-uns des plus grands cimetières américains, tels que Mount Vernon, à Cambridge (Massachusetts), rappellent la même idée sur une plus grande échelle, mais la plupart des cimetières, tant en France qu'en Amérique, sont d'affreux rectangles remplis d'échantillons de la fantaisie des tailleurs de pierre. Divers cimetières complètement ordonnés ont été projetés dans ces derniers temps en Amérique, avec fours crématoires et columbariums : ils peuvent servir d'exemples pour de nouveaux perfectionnements.

Les églises et les cathédrales peuvent voir

leur style altéré par ce qui les entoure. Si elles sont de style roman ou gothique, elles peuvent être enfermées dans des constructions élevées contre elles, ce qui leur donne un caractère intime et des proportions qu'elles n'auraient pas autrement. En France, dans les régions dévastées, les architectes ont compris que les cathédrales ne devaient pas être séparées des maisons environnantes; l'intimité des constructions environnantes à Reims, à Soissons, à Saint-Quentin et à Noyon, ajoute à l'impression et au charme de la cathédrale même.

La ville, dans son ensemble, a son caractère architectural. Chaque ville, lorsque vous en approchez, présente une certaine silhouette. Les villages de la campagne française et d'Angleterre présentent une étendue plane avec un clocher dominant. L'Acropole d'Athènes, ou Langres et Laon perchées sur leurs collines, présentent une silhouette impressionnante. Il en est de même de la grande pyramide du Mont-Saint-Michel, ou de New-York, lorsque vous en approchez par le port. Dans le projet d'établissement d'une ville, il faut préparer avec grand soin cette silhouette, surtout par les bâtiments publics ou demi-publics.

En résume, les bâtiments publics, depuis les grands groupes municipaux centraux jusqu'à la moindre statue ou fontaine, doivent être dignes de la ville. Ils doivent s'harmoniser entre eux, et bien conserver tout ce qu'il peut y avoir de bon dans l'art régional. L'entourage de chacun d'eux sera donc étudié de manière à en rehausser, plutôt qu'à en diminuer la valeur.

Architecture paysagiste.

L'Architecture paysagiste consiste dans tous projets intéressant des arbres, des bosquets, des plantes ou de l'herbe, de l'eau, des rochers, enfin tous éléments d'architecture tels que statues, fontaines, balustrades et petits monuments de jardins. Elle s'occupe des parcs, réserves, terrains de jeux, champs de jeux, allées-jardins, et des emplacements et alentours des bâtiments publics et particuliers. Jusqu'à 1850, la plupart des travaux d'architecture paysagiste n'envisageaient que le style et l'on en trouve de bons exemples dans les vieux parcs des châteaux de France. On se contentait souvent de percer de longues lignes droites de chemins à travers les forêts, et l'on faisait converger ces chemins vers des ronds-points. Un des premiers parcs pittoresques, dans lesquels les arbres et les plantations sont disposés de manière à former des tableaux libres, a été le Central Park, à New-York, créé par Olmsted, vers l'année 1850. Depuis lors, un grand nombre de parcs ont été

9

transformés ainsi en jardins d'un caractère pittoresque. A Paris, le Luxembourg est un exemple de style régulier, alors que le parc Monceau et le parc Montsouris sont des exemples de style pittoresque.

Les Champs-Elysées à Paris, ou la Common wealth Avenue, à Boston, sont de bons types de jardins-promenades classiques alors que Riverside Drive, à New-York, est un type intéressant du genre pittoresque. L'avenue du Bois-de-Boulogne, à Paris, est une combinaison des deux genres.

Les cimetières, terrains de jeux, champs de jeux, peuvent être soit classiques, soit pittoresques, cela dépend des environs et du goût du dessinateur ; en fait, la plupart des terrains de jeux en Amérique sont pittoresques dans le traitement du paysage. Les réserves et les environs des réservoirs en Amérique sont presque toujours laissés tels que la nature se présente en y ajoutant seulement quelques chemins, ou peut-être quelques plantations à l'entrée, ou à titre d'accès ou de base pour le barrage.

Lorsqu'on construit un édifice public ou particulier, il est généralement désirable de laisser un espace découvert plat, assez large, de gazon, ou encore de gravier ou de sable et de l'encadrer d'une bordure d'arbrisseaux ou de plantations, généralement étroite et massée sur le devant des maisons, de manière à créer une transition agréable entre l'espace d'alentour et les constructions. L'assiette des maisons est ainsi tout à fait différente de ce qu'elle est en France ou en Angleterre. Dans ces derniers pays, toutes les propriétés sont entourées d'une clôture, mur ou haie, en sorte que chaque jardin et chaque maison ont leur dessin personnel, alors qu'en Amérique, les lots individuels sont entourés d'une clôture formée de piquets peu élevés; et même, depuis peu, il n'y a presque pas de séparation entre les propriétés, en sorte que les cours de devant de toutes les maisons d'une rue peuvent être traitées en bloc, en n'employant qu'un seul dessin pour toute la rue.

Le genre d'arbres et de plantations à adopter, la manière de les disposer, la distance à laquelle on doit les placer, varient avec le climat, les conditions locales et les habitudes.

Une question absorbante, en Amérique, c'est celle de l'emploi des constructions et autres monuments dans les jardins, et on pense qu'il n'en devrait pas exister. D'autre part une grande partie du charme des parcs des environs de Paris, est due au contraste amené par l'opposition de constructions adroitement étudiées avec les arbres et les bosquets.

En résumé, l'architecture paysagiste est un art hautement technique en soi ; nous ne pouvons ici qu'en faire mention, et seulement pour en montrer les relations avec les autres caractéristiques du projet d'établissement des villes. Mais on doit en tenir grand compte, parce qu'une mauvaise architecture de paysage, ou l'absence de cet art, peuvent grandement contre-balancer les bons résultats acquis par ailleurs.

VI

Génie civil et services publics

L'Ingénieur au Service des rues.

Les travaux effectués dans une rue sont, pour la plupart, invisibles; les substructures sont souvent plus importantes que les constructions de surface. Sous les chaussées principales en Amérique, il existe un enchevêtrement de canalisations de galeries et de câbles d'un côté de la rue à l'autre, mais dans les anciennes villes d'Europe et dans quelques villes d'Amérique, on a pris l'habitude de construire des tunnels (égouts). Dans la plupart des cas, il est plus économique d'enterrer chaque canalisation à part, mais cela a le grand désavantage de nécessiter un enlevage continuel du pavage, ce qui, outre l'inconvénient d'interrompre le trafic, a ce résultat que les pavés étant sans cesse déplacés, ne sont plus remis à leur place exacte, d'où une grande irrégularité du sol, et une usure plus grande. Les égouts anglais sont plus petits que les américains, et bien plus petits que les français. Paris, en particulier, a un vaste système d'égouts, qui correspondent à ses rues principales, et qui en outre des conduites et des câbles, reçoivent les eaux de pluie et les eaux ménagères. Les canalisations de gaz sont à part, à cause du danger d'explosion.

Là où il n'y a pas de tunnels pour la canalisation, la pratique moderne en Amérique, aussi bien qu'en Europe, alloue un emplacement spécial, dans les rues, à chaque service, en mettant généralement l'égout près du centre, et le gaz, les conduites d'eau et les câbles sur les côtés. Dans les nouveaux lotissements, avec bandes de gazon de chaque côté de la chaussée, on s'est mis à placer les conduites d'eau et les câbles sous le gazon, d'un côté de la route, ou des deux à la fois, et de cette manière on évite d'avoir à dégrader la chaussée, et on accède facilement au sous-sol.

Les câbles aériens, pour le télégraphe, le téléphone, l'éclairage ou les trolleys, sont laids et dangereux. On les a enlevés dans la plupart des grandes villes d'Europe, dans toute l'île de Manhattan, à New-York, et dans tous les centres d'affaires d'autres villes américaines, pour les placer sous le sol, en tunnel ou dans des conduites spéciales, Dans bien des endroits, en Amérique et en Angleterre, on les a transportés sous les allées ou les chemins derrière les maisons. Au cas où l'on

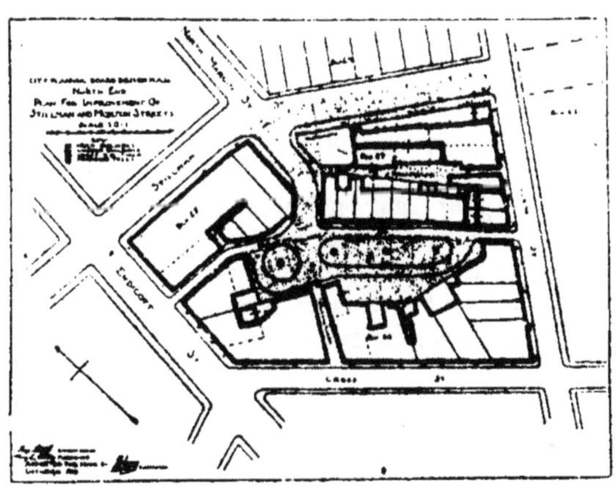

Boston

Expropriation d'un taudis et nouvel aménagement pour faire pénétrer l'air et la lumière et créer un terrain de jeu.

emploie des poteaux, les règlements de la *U. S. Housing Corporation* prescrivent de les installer en face des murs mitoyens, de ne pas les rapprocher des bouches d'incendie, de ne pas les placer aux coins de rues, de les séparer les uns des autres par des intervalles de cent ou cent cinquante pieds, et de concentrer les différents services sur une seule ligne de poteaux.

Dans l'île de Manhattan, à New-York, à Paris, et dans le centre des différentes villes américaines, les tramways électriques reçoivent le courant d'une ouverture entre les rails, ce qui est cher, mais très pratique dans les parties les plus peuplées d'une ville.

Conformément aux prescriptions de la *U. S. Housing Corporation*, les ruisseaux ne doivent jamais avoir une pente inférieure à un demi ou un pour cent, même sur un sol asphalté. Les bouches d'égout ne doivent pas être placées là où les piétons traversent la rue, et elles doivent être assez larges pour que l'eau, par les plus grandes averses, ne s'amasse pas à la croisée des rues.

Le nettoyage des rues, y compris l'enlèvement des ordures, est intimement lié à la question du pavage. Avec de l'asphalte bien uni, le nettoyage est aisé et économique; le pavage en bois présente un peu plus de difficulté, et les pavés en présentent encore davantage. Aussi faut-il que les pavés soient le plus unis possible, et pour cela les fondations doivent être bien soignées, et on doit remplir les joints avec un mortier de ciment.

En résumé, le travail de l'ingénieur constitue une importante partie de l'établissement des rues et le système de la rue doit être bien étudié au moment même où on en établit le tracé.

Travaux publics. La fourniture d'eau est peut-être le problème le plus vital de toute ville, quelle qu'en soit l'importance. Dans les petits villages, les gens peuvent se rendre à une pompe ou à une source publique, ou bien, ils peuvent avoir chacun leur puits, pourvu qu'il soit convenablement placé et construit. Lorsque les agglomérations augmentent d'importance, l'adduction d'eau commune devient une nécessité urgente pour la santé. Aussi bien en Europe qu'en Amérique, les villes ont une tendance plus ou moins grande à municipaliser les fournitures d'eau et à s'en remettre de moins en moins aux sociétés d'eaux particulières.

La solution idéale serait d'avoir une source, à la condition que la naissance de la source et les canalisations soient sérieusement contrôlées par la municipalité, et que l'eau soit reçue dans de grands réservoirs d'aération, en prenant les précautions voulues contre la sécheresse. C'est ce qui se produit à New-York, par exemple, et à Boston. D'autre part, des villes comme Chicago et Cleveland, doivent prendre leur eau potable dans de vastes lacs dans lesquels se vident les égouts de la ville, ce qui crée à l'ingénieur le difficile problème de placer la prise d'eau aussi loin que possible de la vidange des égouts, et dans tous les cas, de purifier l'eau en employant pour cela un matériel mécanique important et des procédés chimiques. Il y a aussi le problème de la pression de l'eau, qui doit être de 3 kilomètres par centimètre carré dans les parties de la ville les plus élevées. Certaines villes américaines, particulièrement de Long Island, reçoivent leur provision d'eau de batteries de puits artésiens.

L'évacuation des eaux usées et des matières fécales est un problème que les villes petites et grandes d'Amérique ont abordé très sérieusement. Presque toutes les villes de plus de dix mille habitants, et même bon nombre de villes de plus de cinq mille, ont installé un système collecteur et des systèmes d'utilisation des eaux usées et des matières fécales. Le Conseil de Santé, dans la plupart des Etats, interdit de polluer les eaux des cours d'eau, et les villes et cités sont autorisées seulement à déverser leurs eaux usagées dans un cours d'eau dont les eaux sont reconnues, au point de vue chimique comme au point de vue bactériologique, inoffensives pour les villes en aval. Un certain nombre de villes, même de petites villes, emploient des lits de matières filtrantes et diverses formes de fosses septiques, et des combinaisons de bassins de purification. Le système employé à Paris, et dans nombre de grandes villes françaises, de recevoir les matières fécales dans des fosses étanches cimentées, et de les répandre ensuite sur les champs, n'est presque jamais employé en Amérique.

Les issues et les ordures ménagères sont régulièrement recueillies dans la plupart des villes d'Amérique; les petites villes en font des amas; les grandes villes sur la côte de la mer, et même New-York, les envoient à la mer; enfin, dans ces derniers temps, bien des villes américaines petites et grandes ont installé des appareils d'incinération, abandonnés à des entrepreneurs particuliers, qui ont trouvé assez de bénéfice dans les sous-produits pour garantir à la ville le paiement de ces matières, à la condition que chaque maison mette séparément les issues, les cendres et les ordures. Bien qu'il soit possible aujourd'hui d'incinérer les issues sans remplir le voisinage d'odeurs désagréables, on a l'habitude de mettre les installations qui les traitent, de même que les appareils pour la transformation des animaux morts, sur des terrains isolés et sous le vent venant de la ville.

Jusqu'à ces derniers temps, on a toujours agi ainsi, en ce qui concerne les abattoirs publics, mais la science moderne a si bien supprimé ces odeurs que l'on peut maintenant les placer dans l'endroit le plus convenable au point de vue des transports. Pour les facilités de la manutention, on place généralement les matériels de réfrigération publics ou particuliers auprès des abattoirs; ils doivent aussi se trouver près du marché municipal de vente au détail, là où il en existe un. Depuis quelque temps, on tend à créer, en Amérique, des marchés de vente au détail semblables à ceux si connus dans les villes d'Europe, leur emplacement dépendant de la question d'utilisation de la meilleure voie ferrée, ou du meilleur accès des camions.

Un autre genre de travaux publics, qui a été également l'objet d'un examen très sérieux pour l'installation des villes en Amérique, c'est le desséchement des terrains marécageux, ainsi qu'on le fait actuellement dans les grandes prairies de Jersey, entre New-York City et Newark (N.-J.), le nivellement de collines comme Beacon Hill à Boston, celui de la bosse de Pittsburg, et celui d'une colline à Seattle, le contrôle des inondations, notamment à Pittsburg, et dans diverses villes le long de la rivière de l'Ohio, et la construction de digues comme à la Nouvelle-Orléans, et dans de nombreuses villes le long du Missisipi.

En résumé, les villes américaines ont dépensé beaucoup d'argent en travaux publics et de génie civil, et ce à cause de la rivalité qui règne entre elles, parce que la ville qui peut faire voir qu'elle a progressé le plus dans ce sens a la chance d'être tout particulièrement recherchée par les hommes qui cherchent un endroit pour y installer leurs affaires ou leur industrie.

VII

Gouvernement

Protection et bien être

Il est du devoir du gouvernement de protéger la sécurité, la santé et la morale des citoyens. Dans chaque cas, la protection comprend la prévision. Les villes reconnaissent que la protection est d'autant moins nécessaire qu'il y a plus de prévision.

Toutes les villes d'Europe et d'Amérique, quelles qu'en soient les dimensions, ont un service d'incendies. Mais l'importance et l'efficacité de ce service sont bien plus grandes dans les villes d'Amérique, parce que malheureusement, les pertes par le feu y sont proportionnellement dix fois plus fortes qu'en Europe. Cela vient en grande partie de la négligence, et aussi de l'inflammabilité des constructions en Amérique. Dans ces derniers temps cependant, les assureurs américains ont insisté pour qu'on adoptât des types de construction et des moyens de protection de nature à diminuer les risques dans de vastes proportions. En particulier, au point de vue d'urbanisme, ils insistent sur l'isolement des installations particulièrement dangereuses, et recommandent l'ouverture de larges avenues, aussi fréquemment que possible, pour faciliter les moyens d'extinction.

Les sociétés de pompiers sont largement réparties dans chaque ville, et les avertisseurs et les bouches d'incendie sont convenablement placés et bien à portée.

Au point de vue de la sécurité, la réglementation du trafic est bien mieux comprise en Amérique que dans les villes d'Europe. On voit souvent, dans des villages de mille habitants seulement, un agent de police pour le service des voitures, au principal croisement des routes. Il n'est pas douteux que cela évite de nombreux accidents de voitures et cela enseigne aussi aux piétons à se montrer plus prudents. La surveillance du trafic supplée facilement et à bon marché à l'organisation défectueuse du plan de la ville.

Quant à la protection que la police apporte dans l'intérêt de la sécurité et de la morale, il y a peu de différence entre les villes d'Europe et celles d'Amérique. Dans les deux cas, actuellement, on a pris l'habitude de tenir les rues bien éclairées, toute la nuit, mais les petites villes d'Amérique sont mieux éclairées que celles d'Europe. Pour ce qui est des établissements suspects, il y a tendance à les isoler, ce qui réagit sur le plan de la ville.

La protection de la santé des citoyens dans les villes en Europe et en Amérique, a fait de rapides progrès depuis quelques dizaines d'années. Ce résultat a été obtenu en votant des lois de plus en plus sévères, en créant une inspection sanitaire et un service médical, ainsi que l'organisation nécessaire pour l'exécution des prescriptions légales, en construisant des hôpitaux, des sanatoria, des dispensaires, d'une part, et en créant des parcs et des terrains de jeux, des bains et des gymnases publics, etc., d'autre part. Il est probable que les grandes villes d'Angleterre et d'Allemagne ont fait les plus grands progrès dans ce sens, avec leurs lois si complètes et si formelles sur l'habitation et les mesures sanitaires, et leur service développé d'inspection. En Amérique, la quantité et la qualité de ces lois varient beaucoup avec les Etats, et dans nombre d'entre eux, les lois sanitaires sont facultatives pour les municipalités, comme en France. La différence capitale entre les lois anglaises et allemandes d'une part, et la législation américaine d'autre part, c'est que cette dernière est purement restrictive, alors que les premières sont plus aptes à amener un effet positif et créateur. La dernière dit ce que vous ne devez pas faire, et les premières, non seulement ce que vous ne devez pas faire, mais aussi ce que vous devez faire. Mais ceci sera discuté plus en détail dans le chapitre sur les lois et règlements.

Dans la plupart des villes d'Amérique de dix mille habitants, il existe maintenant des hôpitaux et des dispensaires municipaux; quelques-unes ont même des sanatoria, des hospices, des crèches, mais la plupart des asiles d'aliénés ou d'orphelins sont des institutions des États ou des Comtés. En outre, il existe un grand nombre d'hôpitaux particuliers et d'autres institutions organisées par des églises ou d'autres groupes particuliers.

Une institution qui a rapidement progressé en Amérique, c'est celle des infirmières d'hygiène sociale : elles introduisent dans les maisons les principes de santé personnelle et publique; non seulement elles veillent à ce que les gens consultent un médecin ou se rendent au dispensaire ou à l'hôpital lorsqu'ils sont malades, mais encore elles se préoccupent d'éduquer constamment le peuple, en lui apprenant comment il peut vivre d'une manière plus saine, et par cela même, éviter la maladie. Cela est l'indice que le public se préoccupe de plus en plus d'une meilleure législation sanitaire, et de l'adoption des idées d'hygiène dans le tracé des plans de villes. Tout cela facilite en même temps la mise en vigueur des règlements.

La distribution scientifique et le tracé des parcs, des terrains et champs de jeux, des gymnases, des bains, des piscines, des constructions sociales ou destinées à la récréation ou des terrains ayant une destination analogue, ne sont pas seulement de la plus grande valeur pour la préservation de la santé, mais ils aident encore à améliorer le moral de la collectivité, et le bien-être social en général. En Angleterre et en Amérique, où ces constructions et terrains ont eu leur plus grand développement, les statistiques démontrent que la criminalité, chez les jeunes gens, a considérablement décru depuis que l'énergie et l'imagination de l'enfant et du jeune homme ont été détournées de la licence, et dirigées vers la compréhension de ce qu'est un bon citoyen. C'est là le complément nécessaire de l'école, qui s'occupe de développer l'intelligence, alors que ce complément vise surtout le développement du corps et de l'âme.

Le dernier progrès en Amérique, c'est le « Foyer civique » qui est une sorte de club de voisinage, une maison de tous, inspiré et dirigé au début par des spécialistes expérimentés, mais organisé et conduit par l'effort coopératif de la part des adultes et de la jeunesse du voisinage. Dans la plupart des villes américaines, l'emploi des locaux d'écoles, en dehors des heures de classe, est réservé à la collectivité, et de fait, un certain nombre de bâtiments et de terrains d'écoles, dans les grandes villes américaines, ont été disposés spécialement pour satisfaire aux besoins de la collectivité comme à ceux de l'école. Les meilleurs exemples dans ce genre sont ceux de New-York City, et les maisons de récréation dans les parcs de Chicago.

En Angleterre, les faubourgs-jardins, les villages et cités, ont, tous, leurs bâtiments collectifs, qui jouent un rôle très actif dans la vie de la communauté. En France, quatre groupes différents sont en ce moment activement occupés d'organiser des centres collectifs semblables dans les régions dévastées.

En résumé, il entre de plus en plus dans le rôle de la commune, non seulement de protéger les citoyens au point de vue de la sécurité, de la santé et de la morale, mais encore, par des lois, par l'éducation et par des constructions, d'empêcher l'aggravation des maux qui dérivent de la vie en commun.

Lois et règlements. Les lois et règlements qui affectent l'installation des villes sont de diverses sortes. Tout d'abord, il y a les lois qui règlent la construction des maisons et travaux publics; elles comprennent, en Amérique, les lois sur la construction, les lois sanitaires et les lois sur l'incendie, ainsi que des parties de lois sur l'habitation; la plupart des lois (bye-laws) anglaises s'y rapportent. En second lieu, il y a les lois restrictives qui comprennent, en Amérique, la plupart des lois sur l'habitation et les lois de servitudes et de réglementation par zones; en Angleterre, les lois et les règlements du conseil du *Local Government Board;* enfin, en France, les lois de voirie. En troisième lieu, les lois contrôlant la reprise de terrains privés pour l'usage public, telles que les lois sur l'expropriation et celles sur l'*excess condemnation* en Amérique et en Angleterre, et les lois d'expropriation et de remembrement en France. En quatrième lieu, les lois créant et fixant les pouvoirs des commissions d'urbanisme, de réglementation par zones et d'art municipal. Enfin, cinquièmement, les lois qui règlent les programmes financiers pour améliorations.

Toutes ces lois sont étroitement reliées entre elles, toutes basées sur les mêmes principes, savoir que la municipalité a le droit et le devoir de contrôler le développement de la propriété privée dans l'intérêt de la santé publique, de la sécurité, de la morale et du bien-être général. En France, l'esthétique doit être ajoutée à cette énumération; mais en Amérique, l'amélioration de l'apparence d'une collectivité commence seulement à être reconnue comme motif de contrôle public sur la propriété particulière.

En France, et dans la plupart des pays européens, les lois qui règlent la construction et qui tâchent de prévenir les incendies sont tout à fait générales, là où elles existent. Il est entendu que les autorités publiques ne devront pas accepter de plans de nouvelles constructions qui ne soient pas conformes aux idées de salubrité et de santé qu'elles défendent. Les lois anglaises, complétées par de nombreux règlements du *Local Government Board*, appuyées par les descriptions modèles de l'Association des *Engineering Standards*, définissent strictement les types minima de construction.

En Amérique, tout État, en fait, toute ville de dix mille âmes ou au-dessus, et même un grand nombre de villes plus petites, ont leur code de construction et leurs lois sur l'incendie basés sur les conditions locales. Ils diffèrent malheureusement beaucoup dans les détails, si bien que tout récemment l'Institut américain des Architecies, la Société américaine d'essai des matériaux et l'Association nationale de protection contre l'Incendie se sont efforcés d'harmoniser les lois sur la construction et contre l'incendie, pour tout le pays. En général, ces lois spécifient la résistance minima opérante des matériaux et de la construction. Elles ne se réfèrent pas directement à l'urbanisme, mais elles sont d'une très grande valeur, et doivent être prises en sérieuse considération pour toute étude d'urbanisme, si l'on veut comprendre dans tous leurs détails les problèmes à résoudre, et pouvoir proposer ainsi les perfectionnements possibles.

Les lois restrictives, en particulier celles concernant l'habitation et les logements, sont en général assez développées dans tous les pays importants. Les lois restrictives contrôlent en général le développement de la propriété particulière dans l'intérêt public. Elles représentent, d'habitude, les règles minima, parce qu'elles s'inclinent généralement devant le droit de propriété, et s'interdisent toute action qui dépasserait le contrôle public nécessaire sur les personnes. Souvent, elles se bornent à restreindre des privilèges et droits que les gens se sont arrogés illégalement.

Par exemple, dans nombre de cités et villes d'Amérique, non seulement les boutiquiers encombrent le trottoir des articles de leur vente, mais même nous voyons des escaliers et jusqu'à des porches construits dans la rue. A New-York City, la chose a été si loin, en ce qui concerne les trottoirs encombrés, qu'en 1910 une législation spéciale a dû faire cesser ces abus. On aurait cru que cela allait soulever une tempête de protestations; mais, bien que cela se traduise pour les propriétaires par une perte de millions de dollars, non seulement ils ont accepté la chose, mais encore la plupart d'entre eux ont remercié la ville d'avoir ainsi amélioré leurs immeubles. Le résultat, à ce jour, c'est que les sociétés d'assurance foncière refusent d'assurer là où on rencontre de pareils empiétements.

Du point de vue de l'urbanisme, les types les plus importants de restriction sont ensuite ceux qui affectent la hauteur et les dimensions des maisons. En Europe, surtout en France, la hauteur des maisons est réglée par la ville au point de vue esthétique, mais en Amérique l'esthétique n'est pas reconnue par les pouvoirs de police, comme une raison suffisante pour restreindre la hauteur, les dimensions ou la destination d'une maison. Lorsque cette restriction a été faite en Angleterre et en Amérique, cela a été pour une raison de salubrité et de santé publique, afin de répartir convenablement l'air et la lumière, ou pour éviter les dommages résultant des incendies ou des accidents.

En ce qui concerne la restriction de la hauteur des maisons, on tient généralement, en Europe, les maisons à une hauteur maximum de six ou sept étages, suivant la largeur de la rue. A Paris, la hauteur maximum des maisons est égale à la largeur de la rue, plus un certain chiffre fixé, plus un ou plusieurs étages sur le toit, en retrait de l'alignement de la rue.

Dans la plupart des villes d'Allemagne, la limite de hauteur est égale à la largeur de la rue. En Angleterre, il existe des lois récentes restreignant la hauteur, comme à Sheffield et à Liverpool, où l'on a limité cette hauteur pour la plupart des constructions, à la largeur de la rue. A New-York, il n'existait aucune limite de ce genre, sauf pour les maisons à étages, jusqu'à juillet 1916. Mais, à cette époque, est intervenue la fameuse loi sur les zones, qui a décidé que la hauteur des maisons serait limitée d'une manière différente dans les diverses parties de la ville, depuis une fois la largeur de la rue dans les sections extérieures jusqu'à deux fois et demie dans le district de Wall Street. Des exceptions sont faites pour le recul des habitations en arrière de l'alignement de la rue, au delà de cette limite, et de même pour les tours qui ne couvrent pas plus d'un quart du lot. Les maisons de Chicago sont limitées à 60 mètres de haut. Philadelphie prépare en ce moment une loi sur les zones.

Washington a une limite de 48 mètres sur l'avenue de Pennsylvania, 40 mètres dans les rues d'affaires et 24 mètres dans les rues bourgeoises; au maximum 21 mètres et 18 mètres respectivement, dans les rues étroites. Un certain nombre d'autres villes ont des limites uniques de hauteur, mais elles vont adopter les principes de la loi de zones de New-York. Cette tendance des villes d'Amérique, grandes et petites, à imiter les lois de New-York sur l'habitation et les zones est très fâcheuse; on oublie que New-York a essayé de corriger un état de choses tout à fait spécial et fort exagéré, et que des dispositions considérées comme un palliatif à New-York sont tout à fait ridicules dans la plupart des autres villes.

Pour régler les dimensions des maisons, en particulier les dimensions des arrière-cours et cours intérieures, et autres espaces découverts, on a fait un grand nombre de lois, tant en Europe qu'en Amérique. La quantité minima d'air et de lumière à recevoir est un important facteur des lois sur la construction et l'habitation en France, en Angleterre, en Amérique, en Allemagne, et dans maints autres pays. A New-York City, et dans quelques grandes villes anglaises et allemandes, les types minima varient avec la densité de la population dans les différentes parties de la ville. A New-York, une fenêtre, dans toute chambre habitée, où l'on travaille et où l'on dort, doit donner directement sur la rue, ou sur une cour, ou un autre espace découvert dans le même lot, et la distance entre toute fenêtre jusqu'au lot suivant doit être proportionnée dans une mesure minima fixée, à la distance de la fenêtre au sommet du bâtiment. Cette mesure varie suivant les diverses parties de la ville, et elle dépend de la valeur du terrain.

Conformément à la loi sur les maisons à étages (*Tenement House Law*), à New-York, aucune habitation ne peut occuper plus de soixante-dix pour cent de son lot. Les constructions sur le derrière du lot sont interdites. A Chicago, dans les maisons à étages, on ne peut construire à moins de 3 mètres de la ligne de derrière du lot, et les jardins doivent se développer en rapport avec la hauteur des maisons. Boston exige que les cours de derrière aient $3^{m},65$ de profondeur. A Philadelphie, on doit laisser au moins 14 mètres carrés d'espace libre sur le lot, et la largeur du devant des maisons ne doit pas être moindre de $4^{m},25$.

A Berlin, les lots sont divisés en zones, avec des lignes de division parallèles à la rue : pour la première zone, 6 mètres de profondeur, la construction peut couvrir toute la superficie ; elle peut couvrir soixante-dix pour cent dans la seconde zone sur 6 mètres de profondeur, et seulement soixante pour cent dans les zones suivantes. En général, les villes allemandes édictent des restrictions différentes, suivant les parties de la ville, mais rarement on peut couvrir plus de soixante-dix à soixante-quinze pour cent du lot.

Dans les villes anglaises, nous trouvons des dispositions exigeant 15 à 30 mètres carrés d'espace découvert sur le derrière des maisons, avec une profondeur minimum de cour rarement moindre de 15 mètres. Les faubourgs-jardins anglais et les villages contrôlent cette superficie d'une manière indirecte, en prescrivant qu'il n'y aura jamais plus de trente maisons par hectare avec une distance de 21 mètres entre façades opposées.

La mesure suivante consiste dans le contrôle de l'usage de la propriété privée dans l'intérêt public. Nous voyons ce contrôle développé surtout en Amérique et en Allemagne. En Amérique, le principe a été poussé bien plus loin à New-York City que nulle part ailleurs ; les 750 kilomètres carrés de New-York ont été divisés en trois sortes de districts : en première ligne, districts sans restriction, dans lesquels toute utilisation est admise, sauf certaines installations dangereuses; en seconde ligne, les districts d'affaires, qui excluent les fabriques; en troisième lieu, les districts d'habitation,

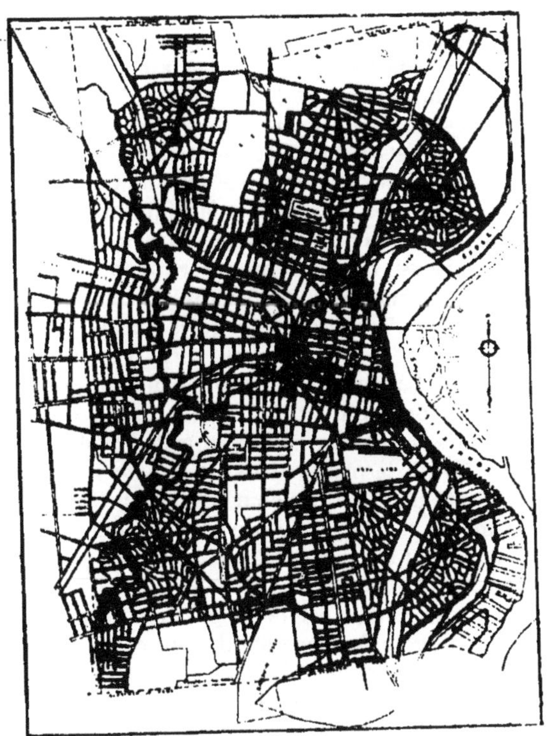

HARTFORD (Connecticut)
Plan d'ensemble où sont indiqués quatre quartiers ouvriers.

d'où sont exclus tout commerce et toute industrie, et même les écuries et garages publics. Cette loi sur l'usage des zones ainsi que les lois sur la hauteur et la superficie déjà mentionnées sont en vigueur à New-York depuis juillet 1916 et sont parfaitement bien acceptées du public. Los Angeles a été plus loin encore, et a évincé, en fait, toute fabrique et toute briqueterie déjà existantes du nouveau quartier de maisons d'habitation récemment créé. Seattle, Minneapolis, Baltimore, Saint-Louis, Milwaukee, Toronto et diverses autres cités d'Amérique, ont créé des quartiers d'un usage restreint. Dans maintes villes allemandes, on a créé nombre de quartiers similaires. La création de tels quartiers est d'un grand avantage pour établir le plan d'une ville et pour donner une base d'estimation pour les besoins futurs. En même temps, on dirige le développement de la ville d'une manière ordonnée, logique et saine.

L'expropriation est le moyen qui permet à l'autorité gouvernementale de s'emparer de la propriété particulière dans un intérêt général. Tout pays possède des pouvoirs de ce genre dans des limites plus ou moins grandes. En France, l'administration n'était autorisée à prendre que les terrains dont elle avait réellement besoin pour les améliorations proposées, et devait acquérir les parcelles de la propriété particulière rendues inutilisables par l'opération. Au mois de novembre 1918, on a voté une loi permettant aux autorités d'exproprier des zones entières pour un usage public, et cela a permis de purifier des districts malsains. En Angleterre et en Allemagne, il y a longtemps que l'on possède ce pouvoir. En Amérique, de nombreux États autorisent l'expropriation par zones, y compris l'expropriation jusqu'à une profondeur de 30 mètres ou davantage sur chaque côté de l'alignement nouveau.

En France, en Allemagne et dans d'autres pays d'Europe, le terrain agricole est souvent partagé en longues bandes étroites, ce qui donne un résultat d'autant plus mauvais que la division est plus grande. Cela a conduit à l'adoption de plusieurs lois, notamment la récente loi de remembrement en France, qui rend possible de réunir un certain nombre de parcelles de terrain de forme irrégulière, de reformer des blocs de forme pratique, et de répartir de nouveau la terre ainsi reconstituée entre les propriétaires originaires dans la proportion de leurs intérêts.

Cela est particulièrement appréciable dans les régions dévastées de la France. La Suisse et l'Allemagne ont des lois similaires qui trouvent rarement à s'appliquer parce que les propriétaires ont apprécié la sagesse du procédé et l'ont suivi de leur propre initiative. En

Angleterre et en Amérique, les lois sur l'héritage et le lotissement des terrains n'ont pas rendu cette nouvelle répartition particulièrement nécessaire.

Les lois qui ont créé des autorités pour l'établissement des plans des villes sont très variables selon les différents pays et les différentes villes d'Amérique. En général, en Amérique, il y a double législation : la première créant l'autorité elle-même, et la deuxième lui donnant les pouvoirs nécessaires pour obtenir les résultats, non seulement dans la ville, mais encore dans les districts d'alentour. Il existe des Commissions générales d'urbanisme et il y a souvent, en plus, des Commissions municipales d'art. La plupart de ces commissions ont un pouvoir de contrôle ou de veto, mais la tendance nouvelle est d'en faire seulement des commissions strictement consultantes. Dans presque tous les cas, les membres de la commission donnent leurs services gratuitement et, dans un grand nombre de cas, des employés de la ville servent comme membres d'office. La plupart ont le droit d'employer des experts.

L'importance de ces commissions varie de 5 à 20 membres, avec une moyenne d'environ 9 membres. La ville d'Hartford (Connecticut) a réuni, en 1907, la première Commission américaine de « city-planning ». L'Etat de Massachusetts a depuis créé des commissions, chargées de mandats, dans toutes les villes au-dessus de 10.000 habitants. Au Canada, une section de « town-planning » a été créée en 1914, avec des pouvoirs très étendus, et adjointe à la Commission de Conservation. Il existe un grand nombre de villes américaines qui ont institué, par ordonnance, des commissions de « city-planning ».

En Angleterre, un grand pas a été fait par la loi sur les logements, en 1909 : en conséquence de cette loi et de la loi nouvelle votée en 1919, le Ministre d'Hygiène se réserve l'examen de tous les plans d'extension concernant les villes, et il possède le contrôle des travaux exécutés par les autorités locales.

En Allemagne, les autorités compétentes en matière d'urbanisme ont des pouvoirs absolument arbitraires, au point de pouvoir imposer leurs idées.

En France, une loi obligatoire a été votée le 14 mars 1919, en vertu de laquelle toutes les villes de plus de 10.000 habitants sont tenues d'établir les projets complets de leurs travaux d'extension et d'aménagement, et les autorités ont été mises en demeure d'établir ces plans pour les communes complètement détruites, ou pour les parties détruites avec cette condition que personne ne sera autorisé à rebâtir, si ce n'est suivant le projet approuvé par la Commission départementale. Cette loi comporté la création d'une Commission dans chaque ville, une Commission générale pour chaque département et une Commission nationale chargée du contrôle et de l'unification.

En conférant des pouvoirs aux Commissions américaines, la principale difficulté a été de leur attribuer le contrôle des districts situés hors des limites des villes. D'ordinaire, le rayon d'action est limité à 5 ou 8 kilomètres hors des limites, et un certain nombre d'États, parmi lesquels celui de New-York et celui de Pennsylvanie, se sont réservé cette faculté. La nouvelle loi française, la loi anglaise, les lois provinciales canadiennes et la loi allemande ont reconnu la nécessité de ce contrôle en ce qui concerne les développements futurs des districts suburbains, et ont donné à leurs Commissions tous les pouvoirs nécessaires.

Les Commissions artistiques, qui n'existent que dans les plus grandes villes d'Amérique, diffèrent des Commissions pour travaux d'extension, en ce qu'elles ne s'intéressent qu'aux édifices publics et qu'à un point de vue esthétique. La Commission artistique de New-York qui est typique a, d'après une ordonnance, la compétence d'examiner le caractère de tout édifice municipal avant que les travaux puissent être commencés. Elle n'a pas un pouvoir d'élaboration, mais peut refuser d'accepter tout plan ou devis qui lui paraîtraient impropres, et, officieusement, elle peut suggérer à l'architecte toute modification de nature à la satisfaire.

Dans les villes de moindre importance, les attributions des Commissions artistiques sont combinées avec celles de la « City-planning Commission », mais ces dernières Commissions sont, avant tout, composées de gens jouissant d'une vaste expérience au point de vue économique, légal et technique et non ordinairement d'architectes, de sculpteurs ni de peintres; il serait désirable que, dans les plus grandes villes, les Commissions artistiques soient composées en majorité de ces derniers.

D'une manière générale, les lois intéressant l'urbanisme ont, de plus en plus, une tendance à s'unifier dans le monde entier, qu'elles soient relatives à la construction ou la reconstruction, aux incendies, à l'expropriation ou à la création d'organismes d'urbanisme. Elles sont toutes basées sur le même principe : le contrôle, dans l'intérêt de la santé, de la sécurité et du bien-être de la collectivité, du droit qu'a l'individu de développer sa propriété comme il lui plaît. De plus en plus, l'action de l'urbanisme devient obligatoire, comme le prouvent les dernières lois votées en France et en Angleterre, au début de l'année 1919.

Moyens financiers. Les moyens financiers sont le pivot de l'urbanisme. Dans tous les pays, l'urbanisme est une cause d'effroi car l'on pense qu'il faudra y consacrer beaucoup de capitaux. Mais cette crainte est d'habitude vaine car, loin d'être une cause de dépenses, c'est bien plutôt une source d'économies. Toutes les grandes villes du monde ont gaspillé des millions par manque de prévoyance, de méthode scientifique, d'urbanisme, et par défaut de programmes méthodiques financiers.

La majeure part des capitaux dépensés aujourd'hui par des villes pour mettre leur aménagement et extension en rapport avec leur développement, sont gaspillés, parce qu'elles ont grandi sans plans raisonnés. Les sépt millions de dollars que la ville de New-York a dépensés pour élargir et prolonger la septième avenue en sont un exemple ; la plus grande partie de cette somme eût été épargnée si, avec un peu de prévoyance, on avait exécuté les travaux beaucoup plus tôt. C'est une bonne affaire pour une ville que de considérer, au moment où elle achète une parcelle de terrain, si, en se développant, elle n'aura pas besoin d'un espace supplémentaire et de calculer s'il ne serait pas plus avantageux de l'acheter tout de suite, même en subissant les intérêts et les charges. Dans la plupart des cas, il sera plus avantageux, pour l'avenir, d'opérer ainsi.

Les autres questions relatives aux moyens financiers consistent à savoir comment on donnera à la ville des facilités d'emprunt, si

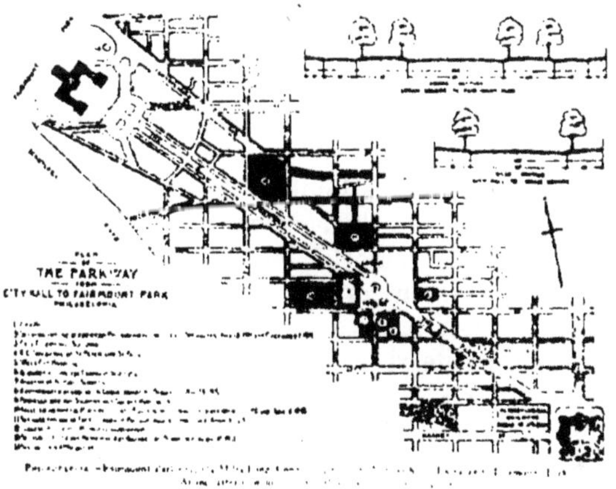

PHILADELPHIE

Expropriation par zones. En perçant de nouveaux boulevards la ville a acheté le terrain sur une profondeur de 60 mètres de chaque côté de la voie pour régler la hauteur et le caractère des immeubles à construire en bordure.

l'on adoptera le système d'émissions, d'obligations, de paiement par acomptes, à déterminer l'usage de la propriété publique, l'expropriation extensive, l'imposition des bénéfices locaux, l'application du *Single Tax*, de l'impôt sur la plus-value, etc.

Chacun de ces cas va être examiné à tour de rôle.

Les villes d'Europe et d'Amérique ont un pouvoir d'emprunt bien différent. En Amérique, la faculté d'emprunt est strictement limitée selon l'évaluation totale de la propriété dans la ville même. Le chiffre varie de un et demi pour cent à dix pour cent de la valeur totale. On en excepte ordinairement les obligations pour adduction d'eau ou installations d'éclairage, et des capitaux liquides dépensés en vue de travaux publics donnant par eux-mêmes un revenu pouvant amortir le coût des travaux. Après un examen sérieux, il semble que l'on pourrait autoriser, comme opération tout à fait exempte de risques, les villes américaines à emprunter jusqu'à concurrence du dixième de l'évaluation totale, en dehors des travaux publics productifs de revenus par eux-mêmes.

Si les travaux d'aménagement doivent être amortis trop rapidement, la quantité de travaux que la ville peut réaliser se trouve grandement diminuée. Si, au contraire, la période d'amortissement se trouve répartie sur un long espace de temps, les intérêts et les charges peuvent augmenter sensiblement le coût des travaux. La meilleure pratique adoptée ces derniers temps, en Europe et en Amérique, a été d'étendre l'amortissement des travaux d'amélioration à la durée de leur utilité. Par exemple, les parcs, dans les quartiers extérieurs, sont un luxe, dans les 25 ou 50 premières années; mais à partir de ce moment-là, ils peuvent deveuir d'une valeur inestimable pour la ville : voilà pourquoi on recommande particulièrement d'émettre des obligations pour parcs avec une charge d'amortissement très faible pour le début, mais augmentant sensiblement jusqu'à la fin de la période. D'un autre côté, les emprunts pour pavage sont partout de 10 à 25 ans : leur valeur la plus grande est leur valeur actuelle; leur amortissement immédiat pourra donc être très lourd, alors qu'il deviendra beaucoup plus faible 15 ans après.

Les terrains acquis pour y bâtir des édifices publics augmentent ordinairement de valeur avec le temps; par conséquent, la charge d'amortissement doit s'accroître avec le temps.

Les ponts en pierre pourront durer 50 à 100 ans et ils seront d'une valeur stable pendant toute la période; par conséquent l'amortissement devra être réparti sur une période donnée d'une manière uniforme. Mais si, d'un autre côté, ils sont situés à l'extérieur de la ville, leur utilité devenant plus grande avec le temps, peut demander plus tard une charge d'amortissement plus forte. Un taux d'amortissement établi en progression croissante s'applique aux rues de grande circulation, tandis qu'un amortissement en progression décroissante s'applique à un système d'égouts. Les bâtiments publics, en raison de leur détérioration, sembleraient demander un amortissement décroissant. Dans la plupart des pays d'Europe, la tendance est d'amortir les travaux d'amélioration sur une très grande période, tandis qu'en Amérique, la tendance a été de les amortir en peu de temps; et, de fait, à New-York, il y a quelque temps, la ville a adopté le système du paiement à l'avance tout au moins pour les travaux d'amélioration d'une faible durée. Cependant, l'opinion générale chez les urbanistes est que ceux-là doivent payer la plus grande part des travaux qui en retirent précisément le plus grand avantage, même si cela demande 50 ou 100 ans.

Une autre grande question est de savoir si la ville tout entière doit payer les frais des travaux d'aménagement et d'amélioration ou si ces frais doivent être supportés localement par les particuliers ou la partie de la ville qui en retirent le plus de bénéfices. Dans la plupart des villes européennes, on a pris l'habitude de faire payer à l'agglomération tout entière le coût des travaux. En Amérique, au contraire, l'usage s'est répandu rapidement de faire payer les travaux effectués à la population qui en avait retiré le plus de bénéfices et ce, dans la proportion de ses bénéfices. Depuis 60 ans déjà, 32 o/o des dépenses pour le Central Park et

38 o/o de celles pour le Prospect Park à New-York ont été imposés sur les propriétés avoisinantes, et il est intéressant de constater que la valeur des propriétés affectées a augmenté quatre fois plus, pendant la période correspondante, que si les parcs n'avaient pas été installés. Lors de la création des derniers parcs de New-York, on a imposé les propriétés placées immédiatement en face du parc, à un taux déterminé : ensuite, à un taux moindre, toute la propriété, dans un rayon de 300 mètres autour du parc; puis, d'un taux encore plus faible, tout l'arrondissement où se trouvait situé le parc; ensuite encore, pour un taux plus faible, les autres arrondissements susceptibles de se servir du parc dans une certaine mesure; et enfin, le reste a été réparti sur toute la ville. On a appliqué récemment le même système pour l'élargissement et l'extension des rues.

Les dépenses pour la construction des rues dont la largeur ne dépasse pas 25 mètres, sont supportées par les propriétaires riverains; mais la dépense supplémentaire pour porter la largeur de la rue au-dessus de 25 mètres est supportée par le quartier, ou par toute la ville. Au-dessus de 20 mètres de large, les frais pourraient être supportés, dans une certaine proportion, par les propriétaires situés dans une zone intermédiaire, et le reste par la ville. Il serait injuste, en effet, que les propriétaires qui ont la chance d'être situés en bordure d'une rue où des travaux d'aménagement doivent être effectués, puissent ainsi réaliser un bénéfice sans avoir quoi que ce soit à débourser. Si le propriétaire réalise ainsi un bénéfice, il est juste qu'il le partage avec la ville, c'est-à-dire avec l'ensemble des contribuables; car, s'il venait à subir un préjudice de la part de la ville, il en serait pleinement indemnisé, et n'en souffrirait aucune perte.

De nombreux travaux de développement ont ainsi pour effet d'augmenter considérablement la valeur de la propriété avoisinante. Parmi les nombreux systèmes employés pour faire payer à ces heureux propriétaires les dépenses occasionnées par les travaux qui ne laissent pas de constituer quand même un cadeau respectable, nous citerons les suivants. Un système qui s'emploie de plus en plus, par lequel l'ensemble des contribuables doit profiter de la plus-value donnée à la propriété, est la mise en œuvre du droit appelé communément *Right of excess condemnation*. Il consiste dans l'expropriation d'une superficie de terrain plus grande que celle dont on a réellement besoin pour les travaux projetés, et dans la revente des terrains non employés, une fois les travaux exécutés, et la plus-value due à ces travaux, obtenue.

En Angleterre, en Allemagne, et dans une certaine mesure, en France, ce droit est exercé depuis longtemps; mais ce n'est que récemment qu'il a été adopté en Amérique. On l'a essayé, à Bruxelles, sans succès, à l'occasion de divers travaux d'aménagement. Dans plusieurs cas célèbres, à Londres, il n'a eu qu'un succès partiel, à cause des charges qui augmentent constamment, en attendant la plus-value des terrains. Dans le cas des travaux d'amélioration de la Northumberland Avenue, à Londres, la ville a réalisé un bénéfice financier dans l'opération. Les villes d'Allemagne ont fait un usage très large de ce système, et ont réalisé des bénéfices importants, mais la plupart des exemples allemands se rapportent surtout à la propriété municipale.

En Amérique, les plus beaux exemples du système sont ceux de la ville de Montréal, qui avait acheté, pour l'ouverture de trois rues, une surface double du terrain nécessaire aux travaux : après la revente du terrain en excédent, le bénéfice net a été d'environ 8 o/o du prix d'achat total. Un certain nombre de villes américaines ont voté des pouvoirs pour ces expropriations en excédent, mais elles seront appliquées avec circonspection tant que les administrateurs n'auront pas appris exactement dans quelles conditions cette opération peut être profitable.

L'expropriation ainsi comprise est un grand pas vers la Propriété municipale. Dans les villes européennes, particulièrement en Allemagne, le système de la propriété municipale est généralement employé. En Amérique et, sur une moins grande échelle, en Angleterre, on estime généralement qu'une municipalité ne doit posséder que les terrains strictement nécessaires aux travaux d'intérêt public, et qu'elle ne peut pas acheter des terrains dans un but lucratif, ou dans le but d'influencer les prix des terrains. En Allemagne, au contraire, on est d'avis que les villes doivent acheter des terrains pour exercer ainsi un contrôle sur les prix et sur le caractère du développement. Les terrains acquis par la municipalité de Strasbourg sous la domination allemande ont une superficie plusieurs fois supérieure à celle de la ville actuelle. On dit que la ville d'Ulm possède en propre 80 0/0 des terrains de la ville et des environs immédiats. En tout cas, un accaparement aussi vaste de terrains, et l'immensité des sommes employées dans ces affaires supposent une compétence exceptionnelle, et une confiance dans les administrateurs de la ville qui, sous le régime démocratique américain, ne peuvent être garanties que dans des cas exceptionnels. D'ailleurs, l'expérience faite par l'Allemagne n'a pas encore prouvé que la propriété municipale soit un moyen efficace de mettre un frein aux spéculations sur les terrains.

Cette question nous conduit à un autre système permettant à la ville de profiter de la plus-value des terrains, système connu sous le nom de *Unearned Increment Tax*. Ce système est employé couramment en Allemagne, mais il n'a pas été employé sur une grande échelle ailleurs. En quelques mots, il consiste en un impôt de transmission assez faible sur le prix de vente d'une propriété, auquel s'ajoute un impôt additionnel, augmentant rapidement suivant la plus-value réalisée.

En Angleterre, il y a eu un grand mécontentement, car de grandes étendues de terrain non exploité ont échappé à la taxe, quoique le développement de la propriété avoisinante leur donnât une valeur croissante. Ce fait, et le désir de maintenir les loyers bas, ont conduit beaucoup de gens à demander l'abolition de tous impôts sur la propriété bâtie, de façon à pousser au développement des terrains inoccupés. C'est ce qu'on appelle le *Single Tax*.

La solution de presque tous ces problèmes doit être trouvée par les économistes, et non par les urbanistes, mais il est de la plus grande importance que ceux qui s'intéressent à l'urbanisme se mettent en rapport avec les économistes de manière à pouvoir appliquer les principes pratiques pour chaque cité et pour chaque projet. Tant que l'on n'aura pas déterminé, pour un projet de travaux d'aménagement et d'extension de ville, le système financier en harmonie avec l'urgence de ces travaux, et de telle sorte qu'ils soient une bonne affaire pour la ville, l'urbanisme n'aura pas trouvé sa justification.

VIII

Mise en œuvre d'un projet d'urbanisme

La nécessité d'un programme d'urbanisme bien établi est tellement évidente pour les personnes de bon sens, qu'on imagine volontiers que les travaux devraient nécessairement aller tout seuls : il n'en est pas malheureusement ainsi, car chacun ne voit que ses intérêts personnels : or, l'on sait que l'affaire de tous n'est l'affaire de personne. Le pis est, de plus, que tout le monde se croit aussi bon urbaniste que le voisin. Chacun éprouve le besoin incoercible de donner ses idées, au lieu de laisser l'élaboration des plans tout simplement aux gens du métier, à ceux qui possèdent la compétence, et ont tout le temps nécessaire pour y consacrer leur activité. C'est justement ce qui est arrivé lors du grand incendie de Londres, ou après le tremblement de terre de San Francisco : pendant que chacun faisait de la réclame pour son propre projet, la ville se rebâtissait d'elle-même, d'après les anciens errements.

En Amérique, d'après une expérience pour ainsi dire générale, la première chose que l'on fait pour lancer un projet d'urbanisme est de trouver la personnalité se passionnant suffisamment pour l'œuvre à réaliser, pour accepter d'y concentrer toute son énergie et son expérience, au point de passer pour en être un peu toquée. Cette personnalité doit être bien décidée à avoir la patience nécessaire pour lutter jusqu'à la réalisation, pour essuyer des rebuffades et déboires : elle doit avoir un tact absolu ; mais, en revanche, elle peut être assurée qu'en entreprenant cette œuvre dans l'esprit qu'il faut, elle sera l'objet de la reconnaissance éternelle de la collectivité.

Cette personne une fois trouvée, elle réunira autour d'elle quelques-unes des personnalités dirigeantes de la ville, et ensemble, elles feront leurs premiers pas dans le domaine de l'urbanisme. Elles étudieront toute la littérature consacrée à ce sujet : elles se mettront en rapport avec les différents hommes de l'art et leur demanderont leurs idées. Elles désigneront des personnes qualifiées pour visiter les habitants les plus en vue et conférer avec eux sur les avantages et l'application de l'urbanisme.

Avant d'aller plus loin, il sera nécessaire que

la Commission et son président voient si l'agglomération a le droit de nommer une Commission d'urbanisme et lui donner les pouvoirs nécessaires pour mener un projet à bien. Dans la négative, ils demanderont l'autorisation au Conseil ou à la Chambre provinciale. Dans certains Etats, les Pouvoirs publics accordent couramment des subsides aux Commissions locales nommées dans ces conditions.

A ce moment, il sera très important que le comité et son président se transforment eux-mêmes en Commission municipale d'urbanisme. Dans certaines agglomérations américaines, ces Commissions sont organisées par la Chambre de Commerce ou par les Real Estate Groups ou encore par des Clubs féministes. Mais l'idéal serait une Commission représentant tous les éléments de la ville, une force vive, coopérante, agissante, qui dans certains cas, élaborerait elle-même le projet, mais qui, dans la plupart des cas, serait un conseiller précieux et d'initiative pour une Commission officielle d'urbanisme. Bien plus, cette Commission officieuse fonctionnerait comme un organisme durable, indépendant des vicissitudes de la politique, et par conséquent, veillerait à ce que les projets soient réalisés graduellement, et à ce que l'on ne s'écarte pas sensiblement des conditions des projets primitifs.

Dans la plupart des villes américaines, on trouve désirable de laisser les autorités de la ville désigner une Commission officielle, et de lui donner certaines attributions consultatives ou exécutives. Ces Commissions ont d'ordinaire de sept à neuf membres, et elles donnent les meilleurs résultats quand la majorité de leurs membres sont des hommes d'affaires ou des industriels de bon sens et de grande expérience, auxquels on adjoint un ou deux techniciens, et aussi un ou deux fonctionnaires de la Municipalité, pour maintenir la liaison avec la ville.

A l'exception de quelques rares villes, les plus grandes de l'Amérique, l'expérience s'est prononcée pour la création de Commissions officielles, possédant dans leur sein des gens du métier, et pouvant imprimer à des projets un caractère impératif et définitif que l'on pourrait rarement obtenir avec un groupement sans attributions officielles. Cependant, dans quelques villes de grande importance, à Chicago, par exemple, les travaux ont été conduits par une Commission privée, car il a paru qu'une Commission de cette nature répondait à l'intérêt avec lequel le public suivait les travaux et à l'esprit critique qu'il témoignait, beaucoup mieux qu'une Commission officielle, qui ne tarderait pas à être surchargée de travail. De plus, dans les très grandes villes, une partie importante et vitale du projet prévoit l'extension de la ville par l'absorption des localités avoisinantes. Ces localités s'effraient naturellement de voir la grande ville se préparer à les englober, et il est difficile, par la voie officielle, de les amener à la collaboration. D'autre part, les Commissions privées sont beaucoup plus libres, car elles peuvent admettre dans leur sein des représentants de ces localités suburbaines. C'est pour la même raison que les nouveaux projets de Londres ont été établis par un organisme privé, appelé la London Society, qui s'occupait d'une région de 2.000 kilomètres carrés.

L'étude et l'établissement des plans exigent des ressources suffisantes. Les plans doivent être bien étudiés et largement conçus. Les employés qui peuvent faire ces travaux d'une façon satisfaisante doivent être payés en rapport avec leurs aptitudes; les municipalités pourront être amenées à voter un budget spécial ; si cela est impossible, la Chambre de Commerce, ou toute autre organisation, ou un groupe de personnalités privées, fourniront les ressources demandées.

En outre, il faut du temps pour établir un bon projet d'urbanisme. Des recherches nombreuses et des études soignées sont nécessaires. Cela dépend naturellement de l'ampleur des travaux. Mais, en considération du temps qu'il faut pour faire l'éducation du public, de façon à l'amener à coopérer utilement à l'établissement du projet, il faut compter, d'après l'expérience américaine, qu'une année est un minimum absolument indispensable. D'autre part, ce projet ne devra pas non plus être traîné en longueur, de manière à ne pas lasser l'intérêt du public ; un maximum de trois années est ici raisonnable.

L'urbanisme est un sujet essentiellement technique, et qui comporte une grande part de responsabilité. C'est le devoir d'une Commission de travaux de bien se rendre compte si le projet établi est praticable, et s'il a profité de l'expérience et des projets similaires d'autres villes. Le meilleur moyen d'obtenir ce résultat est de faire appel aux lumières de gens du métier, que la pratique courante met constamment à même d'acquérir cette expérience. Les urbanistes techniques sont des architectes, architectes-paysagistes ou ingénieurs en exercice. Les autres conseillers seront des hommes de loi, des économistes, spécialisés dans les œuvres sociales et d'hygiène, etc... Dans la plupart des cas, il est désirable que deux ou plus de ces experts travaillent ensemble : chacun apporte dans l'élaboration du projet ses connaissances et son expérience personnelles, qui se complètent ainsi réciproquement, et seules sont adoptées les idées sur lesquelles l'accord de tous peut se faire, quoique parties de points de vue différents. L'urbanisme est un sujet tellement vaste qu'il est matériellement impossible qu'une seule personne puisse être un conseiller sûr dans toutes les phases qu'il embrasse.

Le premier travail des experts sera un travail d'enquête, c'est-à-dire qu'ils auront à se rendre compte, dans toutes les phases d'urbanisme, de la part faite à la ville. Ils consigneront les résultats de leur surveillance dans des cartes, tableaux et rapports. Ils établiront un programme de travaux et détermineront, en tenant compte de l'urgence, les différents problèmes à étudier. Ainsi, les travaux qui demandent un examen tout particulier, seront étudiés les premiers, et ceux d'un intérêt éloigné seront laissés pour la fin. Si les ressources disponibles sont limitées, ce sera le devoir des experts de réaliser le plus d'amélioration possible avec ces ressources, et de se limiter aux travaux qui démontreront d'une façon convaincante l'intérêt et l'urgence d'un urbanisme approprié, d'autant plus que cela servira à mener la campagne dans le but d'assurer, l'année suivante, les ressources nécessaires

En attendant, la Commission privée mènera la campagne d'éducation parmi la population; elle s'assurera le concours d'un publiciste, souvent un journaliste en exercice. Elle remplira les journaux d'articles documentaires : elle organisera des conférences et des causeries dans tous les quartiers de la ville, devant toutes sortes d'auditoires; elle fera des expositions d'urbanisme. Elle fera tout pour provoquer de la part du public des suggestions pratiques pour le plan de la ville. Elle fera des concours d'idées, ou offrira des prix dans les écoles pour des esquisses ou pour les meilleures photographies de détails, beaux ou laids, de la ville. Elle pourra employer les jeunes gens à l'étude des rues, des logements, des lieux de plaisir, des conditions de la circulation, etc. En d'autres termes, elle intéressera le public et lui enseignera l'urbanisme. Sans cela, le meilleur des projets sera voué à l'insuccès.

Le rapport préliminaire ou, si l'on veut, l'inventaire, avec cartes, illustrations, etc., et programme de travaux correspondant devra être livré à la plus large publicité dans les journaux locaux, et il devra être exposé sous la forme la plus attrayante, au moyen d'une brochure distribuée dans toute la ville. On devra inviter à la discussion complète et à la critique, de sorte que la Commission, en faisant son travail, ait le bénéfice, non seulement de ces suggestions du public, mais aussi de son appui. Incidemment, ce rapport sera un excellent moyen d'obtenir des ressources pour continuer les travaux.

La deuxième période est très longue et très difficile, car la Commission et ses experts sont maintenant prêts à reprendre chaque partie et chaque article du programme et à les étudier à fond : pour chaque sujet, ils doivent s'entourer de tous les renseignements essentiels à l'obtention d'une solution efficace du problème. A certains moments des travaux, les projets devront être repris en conférence, en présence des personnalités compétentes. On continuera à demander l'avis du public et ses suggestions pour maintenir l'intérêt du public et conserver son appui.

Au bout d'un certain temps, la Commission officielle et ses experts seront assez avancés dans l'étude détaillée des parties du projet pour commencer à en relier les parties l'une à l'autre, dans un grand plan d'ensemble. Chaque détail sera élaboré de telle sorte qu'il tienne sa place naturelle dans le projet, ce qui suppose qu'il y aura un jeu réciproque entre les différentes parties du tout. De nouveau, la Commission organisera la discussion en public, et enfin, après quelques amendements, elle sera en mesure de demander à la ville d'adopter le projet, en s'appuyant ainsi sur l'opinion publique.

Une fois adopté, il est bien entendu que

tous les travaux d'amélioration et d'extension publics ou privés, en tant que la ville pourra les contrôler, devront être conformes à ces plans. Si de nouvelles conditions surgissent, les plans pourront subir des modifications, pour contenir les nouveaux projets, tout en restant en harmonie avec le plan d'ensemble qui aura servi de base.

La Commission pourra continuer à tenir séance pour décider les détails d'exécution des nouveaux plans et, en particulier, si de nouveaux problèmes se présentent, pour les amender, en harmonie avec tout le système. Les Comités privés continueront leur surveillance pour s'assurer que la Commission garde toujours elle-même l'intégrité du projet primitif.

En même temps, les deux Commissions et le Comité travailleront en union avec les fonctionnaires et les personnes qualifiées [illegible]es agglomérations suburbaines, pour conserver l'harmonie et l'unité du développement de toute la région.

D'une manière générale, la mise en train et la réalisation d'un plan de ville dépendent de la découverte de personnalités décidées à se donner corps et âme à l'œuvre. Cela suppose donc un projet, élaboré loin de toute influence politique et dans le même esprit scientifique qu'un industriel apporterait à l'élaboration du plan de développement de son usine. Cela suppose que le public sera mis au courant des travaux à tout moment de l'exécution, de manière qu'il sente que ce projet est le sien propre. Cela suppose enfin une volonté opiniâtre de ne pas abandonner le projet avant qu'il soit mis effectivement en chantier et une surveillance constante pour que le projet ne déraille pas.

IX

Les progrès de l'Urbanisme au moment de la signature de la Paix

En Amérique, plus de la moitié des grandes villes de plus de 100.000 habitants ont travaillé à l'urbanisme. Parmi les villes de 25.000 à 100.000 habitants, le quart au moins a travaillé d'une façon efficace. Un résumé du travail accompli par chacune de ces villes, jusqu'en 1917, a été publié dans le rapport de la Commission d'Urbanisme de l'Institut des architectes américains, intitulé : « City Planning Progress 1917 ».

Pendant la participation de l'Amérique à la guerre, le problème de l'urbanisme a été laissé temporairement de côté, et l'effort des urbanistes s'est tourné plutôt vers la question des maisons ouvrières, spécialement en établissant et en exécutant le programme gigantesque de la Housing Corporation du Ministère du Travail, et de la Emergency Fleet Corporation. Le projet comportait la construction de deux cents agglomérations, le coût des travaux était évalué à près d'un milliard de francs, et elles étaient destinées à abriter environ 100.000 personnes : plus de la moitié des travaux prévus étaient en construction à la signature de l'armistice.

Il s'agissait de villages-jardins permanents, et quoique la plupart aient été abandonnés tout de suite après l'armistice, ils étaient appelés à avoir une influence éducative excellente.

Le Canada a adopté, sous l'action de la « Conservation Commission », un certain nombre de lois excellentes sur l'établissement des villes, et une grande quantité de villes sont déjà en train d'exécuter les projets.

En Angleterre, la loi de 1909, sur le *Logement et l'Urbanisme,* a réussi à réaliser le nettoyage d'un certain nombre de taudis, à exécuter des travaux d'assainissement et d'extension, avec création de banlieues-jardins. Pendant la guerre, le Ministère des Munitions a créé des villages industriels (ou cités ouvrières) remarquables; en particulier, Well Hall Estate et Gretna Green. Depuis la guerre, la création du Ministère de l'Hygiène publique, avec l'acceptation de projets comportant la construction de 300 à 500 mille maisons ouvrières, constitue un des résultats les plus grandioses de la guerre. Déjà, au moment de la signature de la paix, mille nouveaux faubourgs-jardins, prévoyant des logements pour au moins 150.000 personnes sont en voie de réalisation. A partir de 1923, l'établissement de plans deviendra obligatoire dans toute l'Angleterre.

La Hollande travaille activement à des projets portant la construction de maisons pour 100.000 personnes, spécialement dans les régions inondées.

La Belgique, pendant la guerre, sous l'inspiration de « l'Union des villes et communes belges », a conçu une loi de reconstruction nationale, et, à l'heure actuelle, elle travaille à la reconstruction modèle de ses villes détruites.

La France est le premier pays qui ait voté une loi obligatoire de reconstruction et d'aménagement des villes. Il y a des centaines de projets à l'étude pour l'amélioration des plans de villages dans les régions dévastées. Les villes de Marseille, de Limoges et de Saint-Etienne, ont démoli des quartiers entiers, dans leur centre, et les rebâtissent suivant des projets-modèles. En avril 1919, la Ville de Paris a demandé l'autorisation de démolir ses fortifications, non seulement pour consacrer quelque 800 hectares à la création de parcs, mais aussi pour bâtir, sur 80 hectares environ, des maisons ouvrières modèles, avec jardins.

Au 1er août 1919, la Ville de Paris a lancé un grand concours interallié pour des plans d'aménagement et d'extension.

L'Angleterre possède deux écoles de « Town Planning », l'une à Londres et l'autre à Liverpool. En Amérique, on a créé un certain nombre de cours sur le « City Planning », dans les écoles d'architecture proprement dite, ou d'architecture paysagiste.

Depuis deux ans, en France, il y a des conférences d'urbanisme à l'Ecole supérieure d'art public; un enseignement d'urbanisme est donné par l'Institut d'histoire, de géographie et d'économie urbaine de la Ville de Paris et à l'École des Beaux-Arts.

L'organe professionnel du « City Planning », en Amérique, est le « American City Planning Institute », qui existe depuis plusieurs années. Il est complété par diverses sociétés de propagande, comme la « American Housing Association », la « American Civic Association », la « National Municipal League », etc.

En Angleterre, l'organisme professionnel est le « Town Planning Institute », avec la «Garden Cities and Town Planning Association », et le « National Housing Town Planning and Council », comme collaborateurs.

En Belgique, la principale association pour

la construction des villes est l' « Union des Villes et Communes belges », affiliée à l'« Union internationale des Villes » et le « Comité International d'Art Civique ».

En France, l'organisme professionnel est la « Société française des Urbanistes », ayant pour collaborateurs « La Renaissance des Cités », « Le Musée Social », l'« Ecole Supérieure d'Art Public », l'« Office public d'habitations à bon marché » et l'« Association des Cités-Jardins ».

Chaque pays a ses conférences et ses congrès nationaux. En 1913, l'Union internationale des Villes a organisé un congrès international à Bruxelles, où toutes les matières intéressant les villes ont été traitées. En juillet 1914, a été formée une Association internationale de cités-jardins et d'urbanisme qui a repris son activité depuis la guerre.

En juin 1919, s'est réunie à Paris la Conférence interalliée d'urbanisme : pour la première fois depuis la guerre, des personnalités appartenant à divers pays et intéressées professionnellement à l'urbanisme, ont échangé leurs vues sur ces problèmes communs, et y ont apporté les fruits de leur expérience.

La grande leçon de la guerre a été le besoin de préparation et de prévoyance. Sans doute, la guerre a affermi ce besoin d'une façon encore plus évidente que l'urbanisme. Cependant, si nous voulons que nos villes soient à la hauteur de la concurrence économique de l'avenir; il faut qu'elles offrent à leurs habitants tous les avantages que, seule, la construction scientifique des villes peut leur donner. La guerre a démontré la nécessité de la coopération. L'urbanisme rationnel est la démonstration la plus frappante d'une telle collaboration de la part des collectivités. La guerre nous a mis sous les yeux la nécessité inéluctable de donner aux générations à venir la possibilité de faire bien : un des facteurs les plus importants au point de vue vital est la création d'un milieu sain, confortable et agréable. L'urbanisme rationnel peut y contribuer puissamment. Les peuples, broyés par la guerre, exigent des conditions de vie meilleures, plus de confort et plus de joies autour d'eux : c'est le devoir de la ville de les leur procurer, et elles peuvent y arriver, amplement, par l'urbanisme. Les peuples ont bien gagné le droit à des conditions de vie meilleures : notre devoir est de les leur donner.

BIBLIOGRAPHIE

BIBLIOGRAPHIE

KIMBALL, THEODORA. Classified selected list of references on City Planning. Boston, National Conference on City Planning, 1915. 48 pp.

PÉRIODIQUES

AMERICAN CITY MAGAZINE. New-York, American City Publishing Company, Tribune Building, New-York, depuis 1909. Illus. ; plans.

LA CITÉ. Urbanisme, Architecture, Art public, Reconstruction des Régions dévastées. St-Gilles, Bruxelles, 10, place Loix, 1919. Mensuel, illust.

THE CITY PLAN. Boston, American City Planning Institute. Trimestriel depuis 1915.

GARDEN CITIES AND TOWN PLANNING MAGAZINE. London, Garden Cities and Town Planning Association. Mensuel, illus., depuis 1904.

LANDSCAPE ARCHITECTURE. New-York, American Society of Landscape Architects. Mensuel, illus., plans, depuis 1907.

La Vie urbaine. Paris. Trimestriel, illus., depuis 1919.

Town Planning Review. Liverpool, Journal of Department of Civic Design at School of Architecture of the University of Liverpool. Trimestriel, illus., depuis 1910.

OUVRAGES GÉNÉRAUX

Adams, Thomas. Rural Planning and Development. Ottawa, Canada, Commission of Conservation 1917; 280 pp. illus., plans.

Agache, Auburtin et Redont. Comment reconstruire nos cités détruites. Paris, Armand Colin, 1915. 260 pp.

Agache, D. Alf. Nos agglomérations rurales. Comment les aménager. Paris, Librairie de la Construction Moderne, 1917. 250 pp., illus., plans.

Aldridge, Henry R. The Case for Town Planning. London, National Housing and Town Planning Council, 1915. 680 pp., illus.

Association générale des hygiénistes et techniciens municipaux. Exposition de la Cité reconstituée, Paris 1917. 660 pp., illus., plans.

Auburtin et Blanchard. La Cité de demain dans les régions dévastées. Paris, Librairie Armand Colin, 1917. 315 pp.

Bird, Charles S. Town Planning for small Communities. New-York, D. Appleton et C°, 1917. 492 pp., illus., plans.

Ford, Geo. B. and Warner, Ralph F. City Planning Progress in the United States, 1917, for Committee on Town Planning of the American Institute of Architects, Washington D. C., The Octagon, 1917. 200 pp., illus., plans.

Ford, Geo. B. Out of the Ruins. New-York, The Century C°, 1919. 300 pp., illus.

Geddes, Patrick. Cities in Evolution. London, 1915. 409 pp., illus.

LEWIS, NELSON P. The Planning of the Modern City. New-York, J. Wiley et Sons, 1916. 423 pp., illus., plans.

MOODY, WALTER D. What of the City? Chicago, A.C. Mc. Clurg et C°, 1919. 430 pp., illus. et plans.

NATIONAL CONFERENCE ON CITY PLANNING PROCEEDINGS. Boston-Annuel, depuis 1910.

NOLEN, JOHN, Editor. City Planning. Chapters by seventeen Experts. New-York, Appleton et C°, 1916. 447 pp., illus., plans.

PRAY, J. S. AND KIMBALL, T. City Planning. A comprehensive analysis. Cambridge, Harvard University Press, 1913. 103 pp.

PREMIER CONGRÈS INTERNATIONAL ET EXPOSITION COMPARÉE DES VILLES. Rapport du Congrès à Gand en 1913. Bruxelles, Union Internationale des Villes, 1914. 800 pp., illus., plans.

ROBINSON, C. M. City Planning-Streets and Lots. New-York, G. P. Putnam et Sons, 1916. 344 pp., illus., plans.

ROSENTHAL LÉON. Villes et villages français après la guerre. Paris, Payot, 1918. 288 pp.

ROYAL INSTITUTE OF BRITISH ARCHITECTS. Town Planning Conference 1910. Transactions. London, The Institute, 1911. 812 pp., illus., plans.

TAYLOR, GRAHAM ROMEYN. Satellite Cities. New-York, National Municipal League, Series 1915. 350 pp., illus.

TOWN PLANNING INSTITUTE TRANSACTIONS. London, annuel depuis 1913.

UNWIN, RAYMOND. Town Planning in Practice. London, T. F. Unwin, 1913. 416 pp., illus., plans.

U. S. HOUSING CORPORATION. Dept. of Labor, Report vol. II, Washington D. C. 1920. 400 pp., illust., plans.

VAN DER SWAELMEN, LOUIS. Préliminaires d'Art Civique pour la reconstruction de la Belgique. Leyde, A. W. Sijthoff, 1916. 300 pp., illus., plans.

WAUGH, F. A. Rural Improvement. New-York, Orange Judd C°, 1914. 265 pp., illus., plans.

CIRCULATION ET TRANSPORTS

CLAPP, E. J. The Port of Boston. New-Haven, Yale University Press, 1916. 402 pp., illus., plans.

DROEGE, J. A. Freight Terminals and Trains. New-York, Mc. Graw Hill Book C°, 1912. 465 pp., illus., plans.

DROEGE, J. A. Passenger Terminals and Trains. New-York, Mc. Graw Hill Book C°, 1916. 410 pp., illus., plans.

TERRAINS BATIS. — HABITATIONS ET LOTISSEMENTS

DAY, CHARLES. Industrial Plants. Their Arrangement and Construction. New-York, The Engineering Magazine, 1911. 300 pp., illus.

FERMES ET HABITATIONS RURALES. Projets primés au concours ouvert entre les architectes français. Paris, Ch. Massin, 1918. 100 planches et texte.

NATIONAL CONFERENCE ON HOUSING. Housing Problems in America. Proceedings of the Conference 1911-1916. New-York, 1917. 600 pp.

OFFICE PUBLIC D'HABITATIONS A BON MARCHÉ DU DÉPARTEMENT DE LA SEINE. La constitution de l'Office. Son action et ses travaux de 1916-1918. Paris, 1919. 195 pp., illus., plans.

PURDOM, C. B. The Garden City. London, J. M. Dent et Sons, 1913. 329 pp., illus., plans.

UNWIN, RAYMOND. Nothing Gained by Overcrowding. London, P. S. King et Son, 1912. 24 pp., illus., plans.

VEILLER, LAWRENCE. Housing Reform. New-York, Charities Publication Committee, 1910. 213 pp. illus.

WHITAKER, ACKERMAN, CHILDS ET WOOD. The Housing Problem in War and Peace. Washington D.C., the Octagon, 1918. 116 pp., illus., plans.

PARCS ET TERRAINS DE JEUX

CURTIS, HENRY S. The Practical Conduct of Play. New-York, Macmillan et C°, 1915. 3,0 pp., illus.

LEE, JOSEPH. Play and Playgrounds. New-York, Russell Sage Foundation, 1908. 23 pp.

MERO, EVERETT B. American Playgrounds. Boston, Dale Association. 300 pp., illus.

ART CIVIQUE. — ARCHITECTURE PAYSAGISTE

ADSHEAD S. D. The Decoration and Furnishing of the City Liverpool, The Town Planning Review, Avril 1911 à octobre 1914. Illus.

DERVAUX ADOLPHE. L'édifice et le milieu. Collection Urbanisme. Paris, Ernest Leroux, 1919. 218 pp.

LÉON PAUL. La Renaissance des Ruines. Paris, Laurens, 1918, 95 pp., illus.

SOCIÉTÉ DES ARCHITECTES DIPLOMÉS. Exposition de l'architecture régionale dans les provinces envahies. Paris, Galerie Goupil et Cie, 1917. 88 pp., illus., plans.

VAILLAT, LÉANDRE. La Maison du Pays de France. Paris, Flammarion, 1915. 100 pp., illus., plans.

VAILLAT, LÉANDRE. La Cité Renaissante. Paris, Larousse, 1919, 100 pp.

ADMINISTRATION — LOIS — QUESTIONS FINANCIÈRES

COMMITTEE on the CITY PLAN. New-York Board of Estimate and Apportionment. Final Report 1916. New-York 1917. 299 pp., illus., plans.

NATIONAL BOARD of FIRE UNDERWRITERS. Building Code. New-York, 1909. 368 pp.

SHURTLEFF, FLAVEL and OLMSTED, F. L. Carrying out the City Plan. New-York, Survey Associates, [illegible]. 349 pp.

TABLE DES MATIÈRES

Imp. Artistique « Lux », 131, boul. St-Michel - Paris.

S.A. GOUDY - HELIO

IMPRIMERIE - MICROFILM

-

Hôtel Industriel Leroy - 4 à 8, Rue Pasteur
77983 SAINT FARGEAU PONTHIERRY

SEPTEMBRE 1991

TEL. : (1) 60 65 79 77 FAX : 60 65 90 27